总经理财务一本通

第3版

刘亚莉 ◎ 著

北京联合出版公司
Beijing United Publishing Co.,Ltd.

图书在版编目（CIP）数据

总经理财务一本通 / 刘亚莉著 . — 3 版 . — 北京：
北京联合出版公司, 2020.4（2022.10 重印）

ISBN 978-7-5596-3919-6

Ⅰ.①总… Ⅱ.①刘… Ⅲ.①企业管理—财务管理
Ⅳ.① F275

中国版本图书馆 CIP 数据核字（2020）第 006758 号

总经理财务一本通（第3版）

作　　者：刘亚莉
出 品 人：赵红仕
选题策划：北京时代光华图书有限公司
责任编辑：昝亚会　夏应鹏
特约编辑：何英娇　高志红
封面设计：新艺书文化

北京联合出版公司出版
（北京市西城区德外大街83号楼9层　100088）
北京时代光华图书有限公司发行
北京晨旭印刷厂印刷　新华书店经销
字数238千字　787毫米×1092毫米　1/16　20.5印张
2020年4月第1版　2022年10月第5次印刷
ISBN 978-7-5596-3919-6
定价：68.00元

版权所有，侵权必究
未经许可，不得以任何方式复制或抄袭本书部分或全部内容
本书若有质量问题，请与本社图书销售中心联系调换。电话：010-82894445

目 录

第一篇 总经理必备的财务常识

第一章 总经理一定要懂财务

一、你了解企业的资金运动吗 /3

二、管好财务，企业的血液才会畅通 /7

三、任何时候都不能没有财务目标 /10

四、控制成本才能打败对手 /15

五、总经理需要具备的财务理念和技能 /18

第二章 总经理必懂的财务报告常识

一、财务报告：企业"无声的语言"/24

二、资产负债表：企业的"底子"/26

三、利润表：企业的"面子"/33

四、现金流量表：企业的"日子"/39

五、财务报表附注：看看企业的会计政策 /44

六、阅读报表三步走 /46

第三章　总经理必修的财务分析方法

一、财务分析：绝不把总经理绕糊涂 /50

二、从变现能力看财务风险 /55

三、从负债规模看资本结构 /58

四、从利润的"含金量"看盈利能力 /63

五、从营运能力看资产管理水平 /67

六、财务指标的综合运用 /69

七、上市公司常用财务分析指标 /72

第二篇　总经理企业财务控制实务

第四章　企业现金管理技巧

一、现金："地主家要有余粮" /77

二、"口袋"里该有多少现金 /78

三、做好未来的现金流预测 /84

四、现金还在"口袋"里吗 /87

五、加强银行存款的管理 /91

第五章　企业应收账款管理

一、应收账款：收回来了才是资产 /98

二、应收账款管理之一：是否该延长信用期 /101

三、应收账款管理之二：是否对所有客户赊销 /102

四、应收账款管理之三：定期核对往来账 /106

五、追讨债务也不易，谨防坏账 /109

六、催账的五大技巧 /111

七、其他应收款中的秘密 /114

第六章　企业存货管理

一、存货：卖出去了才能盈利 /118

二、合理存货量的确定 /121

三、存货发生贬值了吗 /125

四、存货还在仓库里吗 /131

五、巧妙判断存货舞弊 /140

第七章　企业成本控制

一、成本、费用、支出：含义各不相同 /144

二、了解成本的计算步骤 /150

三、控制料、工、费，成本才能降下来 /158

四、管理费用"吃掉"公司不少利润 /163

五、给营销费用"减减肥" /174

第八章　企业薪酬管理

一、薪酬管理的目标 /179

二、降低人工费用，不能忘记最低工资标准 /181

三、巧妙进行薪酬设计 /183

四、弹性福利提升员工福利效果 /189

五、不要忘记股权激励 /191

六、薪酬发放小窍门 /194

第九章　企业融资策略

一、融资管理：了解企业的资金需求 /199

二、融资起点：资金需求量预测 /202

三、传统的融资渠道和方式 /208

四、风投资本：值得中小企业关注的融资渠道 /219

五、打好政策仗：寻求政策性融资 /223

六、重视资本成本，优化资本结构 /227

第十章　企业投资决策

一、案例分析：比亚迪"帝国建造" /233

二、对外投资：福兮？祸兮？ /236

三、企业投资的类型和目标 /237

四、投资决策的重要理念：关注风险与现金流 /240

五、项目投资决策的方法 /243

第十一章　企业避税方略

一、纳税筹划：合理避税就是创造利润 /251

二、企业该缴哪些税 /252

三、你了解税收优惠政策吗 /259

四、企业避税方略 /262

第三篇　总经理必修的内部控制与财务管理常识

第十二章　企业内部控制

一、案例分析：某超市成功的内部控制 /271

二、内部控制：现代公司治理的核心 /274

三、员工舞弊与内部控制 /275

四、内部控制五要素 /278

第十三章　财务细节管理

一、建好管好公司账，企业麻烦少 /289

二、不要小看了原始凭证 /291

三、做好对账和结账工作 /296

四、会计账簿该保管多久呢 /300

五、中小股东有权查阅账簿吗 /303

六、运用信息化进行财务管理 /304

第十四章　财务人员管理

一、财务部门发挥其职能了吗 /307

二、合理设置财务岗位 /308

三、健全财务制度 /310

四、财务人员的管理、考核与激励 /312

参考文献 /318

第一篇
总经理必备的财务常识

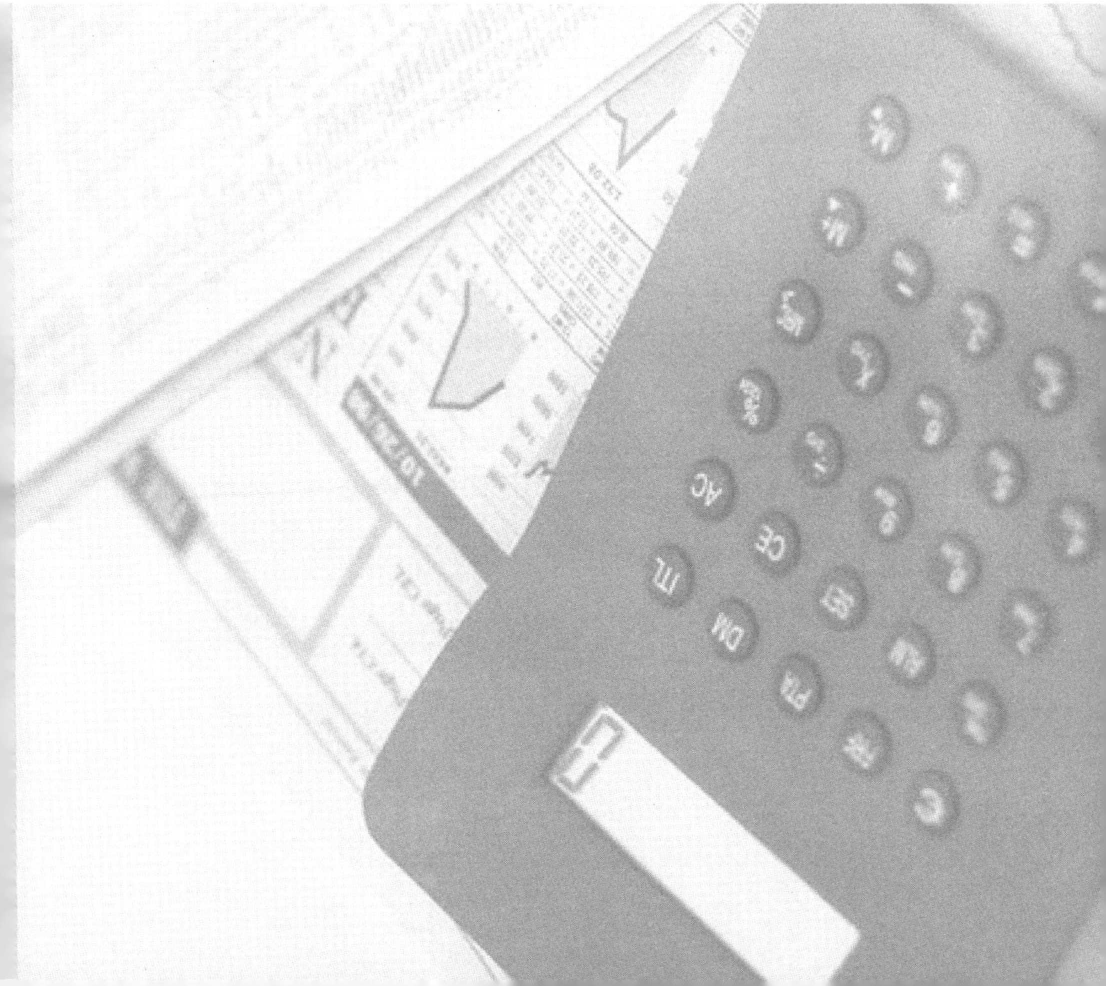

第一章

总经理一定要懂财务

"资本通过运动实现增值"。企业通过对内投资和对外投资将筹集到的资金进行运作以获取利润。财务管理就是对融资、投资和利润分配的决策过程，会计是对这一过程的描述与反映。总经理如果对资金运动的各环节能全面了解和掌控，财务管理就水到渠成了。

一、你了解企业的资金运动吗

36岁的秦奋在技术岗位上工作了近10年，开始有了自己的想法：当我回首往事的时候，不能因虚度年华而悔恨，也不能因碌碌无为而羞愧。我要通过自己的努力艰苦创业。在这种思想激励下，秦奋和从事市场营销的老同学决定合伙成立自己的公司。经过两年的努力，公司经营逐步走上正轨，但秦奋在财务管理方面却总是不得要领。

2009年秦奋和两位同事一起成立了武汉超纯水处理公司，十多年来公司业务发展顺利，市场日趋稳定，年销售额保持在4000万元左右。后来，在国家大力提倡环保建设和水循环使用政策引导下，公司承接的业务更多了。扩大规模看来是势在必行了。但多个项目同时进行，秦奋感觉资金吃紧。怎样才能筹集到扩建所需要的资金呢？是租赁厂房还是自建厂房呢？是购买国外进口新设备，还是购置质量较好的旧设备或国产设备呢？公司未来想走创业板上市的道路，怎样做比较合适呢？这些问题困扰着秦奋，让他有些犹豫不决。

秦奋碰到的问题本质上都是财务管理的问题，财务管理的实质就是对企业的资金运动进行管理。下面让我们从帮助他分析企业的资金运动过程开始着手进行系统的分析。图1-1形象地说明了企业资金运动过程。

1. 筹集资金是企业运作的前提

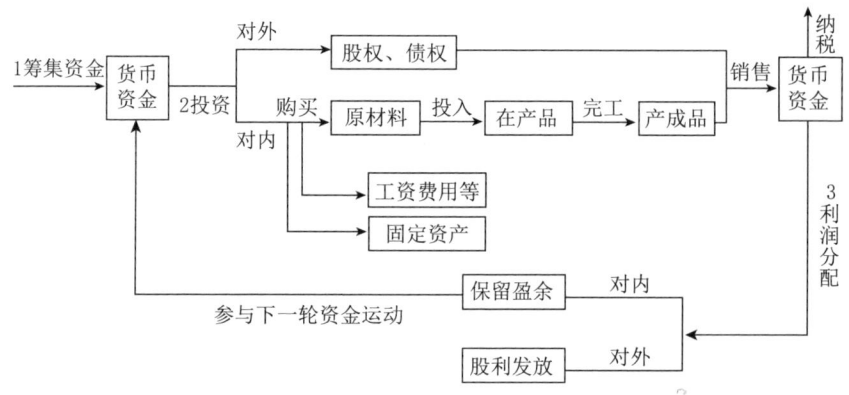

图 1-1 企业资金运动图

企业成立时需要一定的注册资本，初具规模准备扩张的企业也需要资金，因此筹集货币资金是企业资金运作的起点。企业的融资渠道主要有两种：

（1）业主投入

业主投入是企业筹集资金的主要来源。具体到各种企业包括：合伙人投入资金是企业资金的主要来源渠道之一，通常称之为"资本"。股份有限公司股东投入的资金及增资扩股收到的资金称为"股本"。投资者投入的资金一般不得随意抽回，这是企业运作的重要保障。企业也可以将保留在企业的利润转增资本，实现资本扩张。

（2）向债权人借入

从银行等金融机构或其他单位借入资金是企业筹集资金的另一渠道，通常称为"负债"。按借款类型和期限可以分为"长期借款""短期借款""其他应付款"等。借款通常需要按时归还本金及利息。借款利息可以在税前扣除，因此具有"税收挡板"的作用，但借款过多会增加企业的偿债压力，在资金周转不畅时会给企业带来财务风险。

在融资过程中，总经理需要确定公司的融资规模，选择不同的融资方式及融资比例，恰当的融资决策应使财务杠杆及财务风险控制在合适的程度上。

2. 投资是企业盈利的途径

马克思曾经说过："资本通过运动实现增值。资本如果不运动，即使经过了100年也不会增值。"因此企业资本运作的核心就是通过有效的投资获利。企业的投资分为两类：

（1）对内投资

资金在企业内部运动的过程称为对内投资，也就是生产经营活动。以制造业企业为例，对内投资的环节及总经理的财务管理活动主要包括：

◇ 购买设备、运输工具、厂房等，这些统称为固定资产。总经理需要对是否购置固定资产及购置怎样的固定资产进行决策。

◇ 聘请从事生产、经营、销售和管理的员工。总经理需要在成本和效益之间确定合适的薪酬政策，以保证既能有效地激励员工又可以避免人工成本过高。

◇ 购买原材料等存货及材料保管。存货是非常容易出问题的资产，总经理必须重点关注存货管理。

◇ 领用原材料，生产产品。准确地核算成本是确定产品销售价格的依据，因此总经理需要对生产过程进行管理，加强成本核算和控制。

◇销售产品，收回货币资金。总经理需要确定合适的信用销售政策，以便加强对应收账款的管理。

整个对内投资过程，通过销售使企业收回的货币资金大于初始投入的货币资金，企业实现盈利，规模扩大。如果销售收回的货币资金小于初始投入的货币资金，那么企业就亏损了，规模会逐渐萎缩直至退出市场。

对于商品流通企业而言，由于不涉及生产加工，其内部投资的活动更为简单一些，除此之外，其资金运动过程与制造业企业基本相似。

（2）对外投资

企业如果资金充裕，可以购买股票、债券等进行投资，由于这些投资行为在企业外部进行，所以称为对外投资。购买的准备出售的股票形成"交易性金融资产"，购买的债券称为"持有至到期投资"，企业通过金融资产的投资获利是企业盈利的另一种方式。基于影响或控制目的对某企业进行的股权投资称为"长期股权投资"，可使企业获得稳定的红利回报。

总经理需要对对外投资的规模和期限进行决策，以最大限度地提高资金利用效率，同时避免对用于生产经营活动的资金产生影响。

3. 利润分配为企业扩大规模提供资金

企业盈利后需要进行利润分配。通过利润分配，分配给投资者的利润（通常称为"股利"或"红利"）退出企业，未分配完的利润保留在企业内部，称为"保留盈余"，也成为企业发展和扩大规模的重要资金来源，参与下一轮的资金运动。总经理需要进行利润分配的决策，一方面使投资者的回报保持在适度的水平上，稳定投资者信心；另一方面为企业扩大规模实现可持续发展提供必要的内部资金来源。

二、管好财务，企业的血液才会畅通

1. 财务与会计的关系

财务与财政、金融的英文为同一词，即 finance。这三方面的活动都紧紧围绕着财务收支关系的处理，尤其体现在货币收支关系的处理上。企业的财务与会计活动都是围绕上文的资金运动图展开的。企业的目标是生存、发展、获利，企业财务管理就是完成筹措资金，并有效地投放和使用资金的任务。财务的主要内容是投资、融资、运营、股利政策。会计就是对财务活动及资金的运动轨迹进行记录和评价的过程。财务与会计的异同见表1-1。

表1-1 财务与会计的异同

	会计（accounting）	财务（finance）
主要任务	对企业财务活动进行真实、全面、完整的记录和反映，编制资产负债表、利润表、现金流量表和股东权益变动表	利用会计及非会计信息，进行融资决策、投资决策、运营、股利分配决策等
工作成果	财务报告，供外部使用者及企业管理人员使用	资产管理、成本分析及预决算，供企业高管人员使用

在企业的经营管理活动中，财务与会计之间彼此相连。财务工作是企业经营管理工作的关键、要害，会计必须服务于反映企业财务活动的全过程，并运用各种会计方法，将企业财务活动及其结果最终显示在财务报告中。通过财务报告阅读与分析，总经理及报表使用者可以了解、评价、分析企业的财务状况与经营成果，因此会计是企业开展财务活动和进行财务管理工作的基础。

2. 管好财务，企业的血液才会畅通

在企业这个机体中，财务犹如人体之血液，合理的财务融资结构如同人体血液中各种成分的合理含量及其配比关系；会计犹如人体之血管，在企业资金融入之后通过"动脉""静脉"及"毛细血管"将血液输送到企业生产经营活动对资金需求的各个部位，以满足机体的需要。毫无疑问，企业机体的强健与经久不衰，在很大程度上取决于财务与会计的有机配合，协调一致。对资金运动过程中各环节进行有效的财务管理，是制定企业财务目标的基础，也是企业发展的关键。

郑州市百货文化用品公司是经郑州市编制委员会批准，于1987年6月在郑州市百货公司和郑州市钟表文化用品公司的基础上合并组建成立的。1988年12月组建为股份制试点企业。1992年7月，经郑州市经济体制改革委员会批准，公司更名为郑州百文股份有限公司（集团），以下简称"郑百文"。

1996年郑百文上市。1997年郑百文成为沪深股市"主营业务规模与净资产收益率行业第一，中国上市公司100强"、全国最大批发商100强，每股盈余0.448元。郑百文公司董事长、法人代表李福乾相继获得全国"五一劳动奖章"、全国劳动模范、全国优秀

企业家等称号。但1998年郑百文却创造了每股净亏2.54元的中国股市最差业绩的"奇迹"。经有关部门核查，郑百文1999年资产6亿元，亏损15亿元，负债为25亿元，成为沪深股市当年亏损的"龙头老大"。

事实上，1997年年底，郑百文公司已经经营亏损，为取得配股资格，公司采取虚提返利、费用跨期入账等手段，编制虚假财务报表，虚增利润8658万多元。为此，郑百文在1998年7月顺利实现了配股方案，并筹集配股资金1.5亿多元。

1998年年初，公司要求家电分公司完成年销售额80亿元的目标。为鼓励销售，郑百文在全国各地建立分公司，规定销售额达到1亿元的分公司经理享受公司副总经理的待遇。各分公司经理不惜采取购销价格倒挂、依赖银行信用等模式盲目降价以扩大销售额。由于经营不善，1998年郑百文出现巨额亏损，股东权益包括配股资金当年即损失98.79%。郑百文公司董事长、法人代表李福乾，在听取总经理卢一德、财务处主任都群福汇报公司1997年年度经营亏损，并看到1997年年底第一次汇总的财务报表也显示亏损的情况下，仍召集会议，要求财务报告不准显示亏损。二次报表出来后，显示公司完成利润目标。为了顺利通过审计，总经理卢一德亲赴四川，与厂家签订了两份返利协议，一份是当年实际返利金额协议，一份是补充返利协议。两份协议造成虚提返利1897万多元。1998年，企业已经举步维艰，巨额亏损的窟窿已经包不住了，公司终于公布了重大亏损的实情。

经过一系列复杂的谈判之后，2003年郑百文被三联商社重组，恢复上市。

从财务控制来看，郑百文迅速地由盛转衰，固然有企业战略失误、经营管理不当、外部环境恶劣等方面的原因，但关键问题却是公司错误的财务目标以及上市之后盲目扩张、未能有效地防范和化解财务风险与经营风险。忽视销售价格应以成本为基础确保必要的销售利润这一基本规律,采用购销价格倒挂模式追求销售额即产值最大化,是郑百文财务管理中的重大失误之一。此外,郑百文严重依赖商业银行的商业信用,建设银行前后为郑百文开具了100多亿元的承兑汇票,当银行收紧信用时,郑百文资金链断裂,如同血液断流,没有利润保障的公司经营难以为继。郑百文在公司年报中承认公司"重经营、轻管理,重商品销售、轻战略经营,重资本运营、轻财务风险的防范"。无视成本与资金管理,是导致郑百文破产的根本原因。那么企业应当如何确定财务目标并实施有效的财务控制呢?

三、任何时候都不能没有财务目标

  凡事预则立,不预则废。作为把握企业发展方向、总管全局的总经理,你知道企业的财务目标是什么吗?
  财务目标取决于企业的经营目标和发展规划。郑百文的案例告诉我们,产值最大化的财务目标是有失偏颇的,因为销售只是企业资金运动过程中的一个环节,销售价格制定应建立在必要利润的前提下。在市场环境下,企业的经营目标是生存、发展和获利。其中,生存是基础,是发展和获利的前提。而企业要实现生存、发展和获利,就必须保持足够强的偿债能力,保持各种经济资源的合理配置,保证经营收入的增长。
  长期以来,围绕着企业财务目标这一命题有着种种不同的说法，主要观点有"利润最大化""股东财富最大化""企业价值最大化"等。

1. 利润最大化

在微观经济中，利润最大化通常被列为企业财务的目标。利润代表了企业新创造的财富，利润越多，则说明企业的财富增加得越多，越接近企业的目标。

优点：强调了资本的有效利用。股东创办企业的目的是使其投入的资本获得尽可能大的增值。

缺点：首先没有考虑利润的实现时间，没有考虑资金的时间价值；其次没有考虑企业获取利润所承担的风险，从而会导致企业经营者不顾风险大小，追求短期利润的最大化，忽略企业的长期战略发展。

2. 股东财富最大化

"股东财富最大化"将财务目标的主体定位于企业权益资本的投资者——股东，所谓最大化是指通过财务上的合理经营，为股东带来更多的财富。因为企业主要是由股东出资形成的，股东创办企业的目的是扩大财富，他们是企业的所有者，理所当然地，企业的发展应该追求股东财富最大化。

对上市公司而言，股东财富由其所拥有的股票数量和股票市场价格两方面决定。在股票数量一定的前提下，当股票价格达到最高时，则股东财富也将达到最大，所以股东财富又可以表现为股票价格最大化。

优点：考虑了资金的时间价值和风险因素，能在一定程度上避免企业在追求利润上的短期行为，因为不仅目前的利润会影响股票价格，预期未来的利润对企业股票价格也会产生重要影响。

缺点：在单一投资主体的股权结构下，不存在股东间的利益冲突；但现代企业的特征表现为投资主体的多元化，占股权投资比例最高的股东拥有企业经营和财务控制权。这样，以股东为主体，强调"股东财富最大化"就可能演变为"控股股东财富最大化"。由于控股股东掌控企业的方方面面，难以避免控股股东为追求自身利益最大化而牺牲中小股东利益的情形。同股不同权、同股不同利的现象并不鲜见。

郎咸平对亚洲上市公司家族控股企业进行研究曾发现，公司的第一大股东和第二大股东串谋在一起剥削小股东，亚洲家族企业仍存在着掠夺小股东的本质，传统的公司治理措施无法保护小股东。其原因在于亚洲企业治理结构可概括为关键人模式，关键人通常为公司的最高级管理人员或（和）控股股东代表，具有几乎无所不管的控制权，且常常集控制权、执行权和监督权于一身，并有较大的任意权力。

3. 企业价值最大化

企业价值一般是指企业的市场价值，对于上市公司而言，其市场价值较容易确定，即公司发行的股份数与股票市价的乘积。但对于非上市公司而言，其价值的确定并不容易，企业价值是企业总资产的价值，企业资产不仅包括权益资本的投入，还包括债务资本；追求企业价值最大化就是追求企业对来源于各种资本形成的资产达到最有效的配置和最合理的运用。无论是上市公司还是非上市公司，企业价值的实质是属于股东的财富，企业价值最大化的最终结果也就是能使股东财富最大化。

企业价值最大化的核心在于企业价值的度量。企业价值包括股东权益和负债两个部分的价值，其中负债的价值很容易确定，股东权益价值的一个很好的衡量标准就是股票价格。

美国学者曾经通过严密的推理，具体证明了这些"最大化"实质上都意味着企业股东财富的最大化。

探究·思考

现代企业制度对企业财务目标有哪些深层次的影响？两权分离条件下所有者财务目标与经营者财务目标一致吗？在企业生命周期不同阶段，财务目标实现路径一致吗？

随着企业规模的扩大和现代企业制度的诞生，两权分离成为现代企业的重要特征，即所有者不参与企业经营，委托经营者代理执行运营管理职能。所有者和经营者由于对企业的权益不同，二者的利益目标并不一致，且二者分别处于企业外部和内部，导致信息不对称问题，经营者有可能背叛股东的利益寻求个人利益最大化。比如经营者可能选择的"偷懒""增加闲暇时间""职位消费""追求豪华享受""提高荣誉和社会地位""滥用资产""讨好员工""过度投资""构建个人帝国"等逆向选择行为。

> **知识链接**
>
> "逆向选择"是经济学和管理学中的一个含义丰富的词语。"逆向选择"指经营者为了私利而做出背离为股东创造价值的目标的行为。只要所有者与经营者的利益目标不一致，经营者做出损害所有者利益的行为就难以避免。我国股权分置改革的目的之一就在于降低二者之间的利益冲突。

生命周期理论认为，所有的企业都是沿着一定的生命周期向前发展的，任何企业从最初的酝酿进入市场到最终退出市场都不可避免地存在四个阶段：初创期、成长期、成熟期和衰退期。在企业的整个生命周期里，企业的财务理念应跟随不同发展阶段的企业特点、投融资战略而有所不同，以实现股东价值最大化目标。

第一，初创期。

在企业生命周期的初始阶段，需要大量的前期资金投入，而来自销售收入的现金却非常有限。产品能否为客户所接受，市场能够扩大到何种规模，公司能否获得足够的市场份额，这些都具有很大的不确定性，因此经营风险会很高。为了把总风险控制在一定的水平上，企业应尽可能地降低财务风险。企业价值最大化表现为降低企业风险，使企业得以生存。

第二，成长期。

成长期的企业表现出来的主要特点是：企业销售规模快速增长，并能产生更充裕的现金流。为了满足企业发展的需要，企业既需要在市场拓展方面投入资金，以扩大企业的市场占有率和知名度，同时还需要及时扩大企业的生产规模以满足市场的需求，生产规模的扩大也需要企业投入大量的资金。这一阶段企业的经营风险虽然有所下降，但依然较高，因此企业必须采用低风险的融资渠道（如权益资金），将财务风险控制在低水平。

第三，成熟期。

企业进入成熟期，产品产量稳定、销售数量可观而稳定，并且利润空间合理。企业经营风险较低，其战略重点便会转移到保持现在的市场份额和提高效率，维持已经达到的销售利润率水平上。企业可以通过负债融资发挥财务杠杆的作用，借以扩大企业规模，从而实现追求利润最大化以达到企业价值最大化。提高的财务风险可以用降低的经营风险抵消，但保持财务风险在可控制的范围内是这一阶段的前提条件。

第四，衰退期。

企业成熟期不可能永远持续下去（除非它能创造巨大的市场，并能无限制地持续下去），因为市场的多变及新产品的出现等使之对旧产品的需求逐渐降低。百年老店已非常不易，千年老店更是闻所未闻。我们可以得出结论：企业的衰退是必然的！衰退期的企业应使传统产品的财务风险和经营风险都保持在适当水平，并通过新产品研制和开发寻求新的利润增长点，实现企业价值的最大化。

四、控制成本才能打败对手

日本著名企业家三井孝昭曾经说过：要想扩大市场，赚更多的钱，你就必须降低商品的成本。不断降低成本，降低价格，市场也就大了。作为总经理，身体的每一个细胞都应饱含成本理念，

只有控制了成本才会产生效益。

台塑集团老总王永庆曾经面临一个艰难的投资决策问题。台塑集团下属的南亚公司，根据市场需求决定成立多元脂棉丝厂，当时有两个方案：一是直接采购一家德国公司的设备，日产量预计6吨；二是由南亚公司工务部门与生产厂家共同研究，自行设计扩建。王永庆比较了两个方案的成本之后认为后者更划算。工厂按计划建成，其多元脂棉丝产量迅速增加，跃居世界第三大多元脂棉生产厂家。此后南亚公司在美国设立多元脂棉丝厂时也采用同样的方法。王永庆注重员工的生产效率，尽量少用人多办事。年产量20万吨的工厂，员工不超过500人，为同等规模企业人数的1/3，仅员工薪酬一项一年便可节约5000万美元，大大提高了企业的竞争力。

降低成本是王永庆经营企业追求的主要目标。无论是投资扩建还是产品生产，成本理念始终贯穿于他的每一个决策和管理行为。王永庆特别注意比较国际间不同国家的优劣势，将最小成本项目进行组合，整个项目的成本就达到最低了。下面让我们一起来看看他建新厂房的模式：

美国的厂房在台湾地区制造。王永庆注意到美国的制造成本和人工成本大大高于台湾地区，因此在国外建厂时尽量将能在本土完成的工作在台湾地区完成，以降低成本。台塑在美国得州建PVC塑胶工厂时，所有硬件设备都由公司机械事业部在台湾地区制造完成后，再运到美国安装。这样整个厂的建厂成本，大约只有美国人投资同样工厂所需经费的63%。

台湾地区的厂房只从国外买关键设备。王永庆在台湾地区筹设生产高密度聚乙烯和聚丙烯工厂时，注意到许多设备和基础项目均能在本土完成。因此，除制造和仪器设备向国外订购外，自己人员负责基本设计和工厂建造，以便节省大量的设计与工程费用。最终，聚乙烯厂投资总计花费12亿台币，聚丙烯厂花费16亿台币，成本均只有国外同类企业投资建厂经费的70%。投入成本低为打产品价格战创造了条件。台塑的产品价格一上市比市场同类产品每公斤低20元，其竞争优势不言而喻。

王永庆在成本管理方面可谓"点滴不漏"，他如同剥竹笋一样将项目层层分解，对每一层的成本都进行比较、分析和控制。他曾提出著名的"鱼骨理论"：任何大小事务的成本，都要对其构成要素不断进行分解，把所有可能考虑到的影响成本的因素全找出来，像鱼骨那样具体、分明、详细。他强调，要谋求成本的有效降低，必须分析在影响成本的各种因素中最本质的东西，也就是要做到"单元成本"的分析。只有彻底地把有关问题一一列举出来并加以检讨改善，才能建立一个具体的标准成本。

读到这里，你对本书开篇提到的困扰武汉超纯水处理公司秦奋的问题应该有些解题眉目了吧？秦奋碰到了扩建的投资决策问题，要注意的是，扩建厂房的支出最后都作为折旧成为产品成本的组成部分。王永庆因为扩建成本低，才敢于对产品定低价格，才能在市场中立于不败之地。秦奋也需要认真比较各种方案的成本、效益和风险，最终确定扩建方案。如何比较呢？我们将在第十章进行介绍。

对于总经理而言，成本绝不是一个笼统的概念。目前激烈的市场竞争使许多企业进入了微利时代。微利时代细节决定公司的成败，成本甚至体现在公司使用的一张纸和一瓶水上。有人曾嘲笑环球航运集团老板包玉刚不算是一个真正的船王，只是一个节俭成性的银行家。他写给员工办事指示的纸（不能称为完整意义上的纸，只能称为"条子"）都是粗劣的薄纸。如果指示比较简短，他常常将一张信纸大小的白纸裁成三四张条子使用。船王尚且如此，我们的总经理更应该具有成本意识，将成本控制贯穿于企业资金运动的全过程，更重要的是，要贯穿于企业的每一个角落。总经理需要对企业资金运动各环节的成本了然于心，有效地实施成本控制，才能在市场竞争中取胜，实现企业的财务目标。"成本控制无处不在"，应该成为总经理的座右铭之一。

五、总经理需要具备的财务理念和技能

一个不懂财务的总经理带领企业在市场中竞争就像盲人摸象，既不知道自己长得是什么模样，也不知道企业在市场中处于什么样的位置。目前很多公司的总经理都是技术或营销出身，缺乏系统的财务知识结构，而财务知识和技能就是总经理的第三只眼，能帮助他看得更远更深。对一个公司总经理来说，懂得财务就能让自己清晰地了解目前公司经营中存在的问题，通过财务分析了解和控制企业风险。

总经理在财务管理中需要具备的财务理念和技能包括以下方面：

1. 资金的时间价值观念

资金的时间价值指货币随着时间的推移而发生的增值，是资金周转使用后的增值额，也称为货币的时间价值。换句话说，货

币的时间价值就是指当前所持有的一定量货币比未来获得的等量货币具有更高的价值。

资金经合理运用一定时间后，就会具有盈利增值的潜在能力。因为，即使不进行其他投资，一定量的资金存放在银行，一段时间后至少可以得到银行利息。因此，即使不考虑风险和通货膨胀因素，一笔数额相同的资金在不同时点上，其经济价值也是不同的。利率越高、时间越长，所赢得的利润及增值也越多。资金的时间价值一般以复利公式加以计算。现在拥有的一定数量的资金，等价于若干年后更大数量的一笔资金；同理，若干年后的一笔资金，折算为现值时要打一折扣。一年后的资金折算为现在的资金时所打的折扣，称为折现率。在通货膨胀情况下，资金的时间价值观念显得更为重要。西方国家的市场经济发展实践证明，在市场经济体制下，通货膨胀是必然的，适度的通货膨胀有利于促进经济的发展。

资金的时间价值也说明了资金是有成本的。损失的时间价值就是其潜在成本的组成部分。一般来说，借入资金的成本可以直观地用支付的利息来进行表示，投资者投入的权益资本成本可以用市场平均投资收益率来表示。资本成本是总经理必须要考虑的企业成本之一，需要在利润中得到补偿。

2. 合理的资本结构观念

资本结构，是指企业各种资本的构成及其比例关系。资本结构问题总的来说是负债资本的比例问题，即负债在企业全部资本中所占的比重。资本结构是企业融资决策的核心问题，总经理应综合考虑有关影响因素，运用适当的方法确定最佳资本结构，并在以后追加融资中继续保持这样的结构。

影响资本结构的因素包括：企业的发展阶段、企业财务状况、企业资产结构、企业产品销售情况、投资者和管理人员的态度、贷款人和信用评级机构的影响、行业因素等。

资本结构作为企业利益相关者权利义务的集中反映，影响并决定着公司的治理结构。较好的公司资本结构，既要考虑大股东的控制权因素，也要考虑综合资本成本，从而优化企业融资行为，完善公司治理结构，提高企业经济效益。

3. 投资的风险管理观念

美国前财政部部长鲁宾曾经说过："天下唯一确定的就是不确定性。"风险就是指遭受损失的不确定性。风险和收益成正比，因此一般激进型投资者偏向于高风险以获得更高的利润，而稳健型的投资者则着重于安全性的考虑，宁愿降低投资回报以将风险控制在可接受的水平之内。

投资风险是指对未来投资收益的不确定性，在投资中可能会遭受收益损失甚至本金损失的风险。企业项目投资决策出现错误有多种原因，如投资决策机制不健全，可行性研究不充分，缺乏风险意识，盲目追求"热门"产业等。在进行投资决策时，总经理不能仅仅关注投资项目成功带来的预期利润，更要预见潜在风险威胁与造成的不利后果，不当的投资决策可能给企业带来灭顶之灾。采取恰当的风险回避和控制措施，进行投资风险管理，是总经理进行企业投资决策必不可少的一环。

4. 内部控制观念

在强调总经理需要懂得财务知识的同时,需要提醒的是,总经理个人的精力和能力也是有限的,在企业管理中不可能做到面面俱到,通过制度对企业内部进行控制就很重要。

安永国际第八次欺诈调查结果表明,30个国家400个公司超过半数在过去两年里,曾遭受一次严重的欺诈,而且八成的最严重欺诈案是内部人通过薪水册所为,公司对财产盗用的关注程度也远远超过了其他类型的欺诈。

内部控制,就是在企业内部采取一系列方法、手续与措施进行自我调整、约束、规划、评价和控制,以确保实现企业经营目标,保护资产的安全完整,保证会计信息资料的正确可靠,确保经营方针的贯彻执行。内部控制就是总经理加强管理的重要措施。

内部控制包括控制环境、风险评估、控制活动、信息与沟通、监控等五个相互联系的要素。有效的内部控制能大大提高公司的经营效率和效果,提高企业经济效益。具体将在第十二章详细介绍。

5. 财务技能

为实现企业财务目标,总经理还需要具备一定的财务技能,这些技能由低到高包括以下三个层面(见图1-2):

(1)看懂财务报告

从财务报告中了解公司的财务状况、经营成果和现金流量,判断公司的财务风险,分析公司经营中存在的问题,从而对症下药。

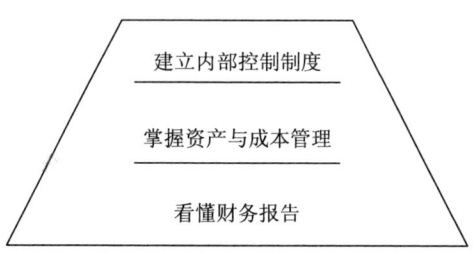

图1-2 总经理需要具备的财务技能

（2）掌握资产与成本管理

针对资金运动流程掌握各环节财务管理的核心和重点，尤其是资产管理、投资决策、成本控制的基本技巧与方法。

（3）建立内部控制制度

了解内部控制的基本规范，建立、健全企业的内部控制制度，通过内部控制堵塞内部管理漏洞，确保企业财务目标的实现。

本章的目的就是给总经理"洗脑"，在你已具备"技术头脑"和"市场头脑"的同时，"财务头脑"必须及时跟上，否则你会随着企业的发展感觉越来越力不从心。作为总经理，如果你具备了上述财务理念，说明你具备了财务管理意识。如果你掌握了上述财务技巧，说明你具备了财务管理的能力。如果你掌握并能在企业管理中运用本书的知识，恭喜你，你基本具备"财务头脑"了，你的财务知识完全能帮助你实现公司的财务目标和发展战略了！

第二章

总经理必懂的财务报告常识

财务报告是企业"无声的语言",你"听懂"了它,就能了解企业的情况。通过资产负债表可以摸清企业的家底;利润表是企业的面子;不是所有的利润都变成了现金,企业的日子过得好不好,很关键的一方面在于手中有没有银子,该情况反映在现金流量表里。

一、财务报告：企业"无声的语言"

财务报告向使用者提供与企业财务状况、经营成果和现金流量等有关的会计信息，反映企业管理层受托责任的履行情况，有助于财务报告使用者做出经济决策。

财务报告是企业竞争的结果，是一部充满悲伤或欢笑的财务历史。企业的财务报告透露着企业的困惑，见证着企业的成长，演绎着企业的兴衰，展示着企业的价值。财务报告是企业"无声的语言"，从财务报告中可以获取想要的各种信息。全面阅读年度财务报告是了解一家企业最直接、最高效、最节约成本的手段。

美国 AV 公司长期进口钢制民用门，随着销售额的日趋扩大，拟在中国投资建厂以降低成本，通过联系找到南昌 FD 门业公司，双方商定共同出资 200 万美元（中方出资 50 万美元，外方出资 150 万美元）成立合资公司，产品全部用于出口欧美市场。中方为表示诚意，提出将自己拥有的位于郊区的、从事国内门业生产和销售的 H 公司无偿赠送给未来的合资公司，并提出中国国内门业市场巨大，进一步开拓国内市场或能成为公司未来利润的另一个增长点。H 公司有着十来年的经营历史，有自己的销售网络，拥有房产和土地等资产，生产的国内门品牌在当地具有一定的市场知名度，未来发展潜力应当不错。

假如你是AV公司的总经理，你觉得这个建议怎样呢？乍一听上去，既能开辟另一块业务，也无须进行额外的固定资产投资。你一定认为这是天上掉下来的馅饼吧？

但是，美国AV公司的财务顾问提出，需要对H公司的财务状况进行审查。H公司财务报表显示，房产和土地等按市场价值计算后，公司资产总额5000万元，其中应收账款2000万元，估计坏账率为60%；负债为7500万元，所有者权益为-2500万元。公司实际资不抵债。即使再入资2000万元，其对合资公司的贡献也为零，盘活H公司亦存在安置员工等诸多困难。

原来H公司只是个烫手的山芋！AV公司最后决定谢绝这种赠送。

"白送资产"到底是天上掉馅饼还是烫手的山芋，总经理必须要能够准确地进行判断。如果只听一面之词，就会以为碰上买一赠一的好事。仔细调查，原来是个陷阱！合资、联营、并购是现代企业运作的常见方式。很多情况下，总经理不可能长期入住对方企业进行深入了解，财务报表就是我们读懂企业的最有效、最简洁的方式。同样地，总经理也可以通过财务报表全面了解自己的企业，发现企业存在的问题，及时调整经营政策，以做到"知己知彼，百战不殆"！知己知彼，让我们从企业的财务报告开始吧。

知识链接

"财务报告"和"财务报表"的概念有所区别。财务报告包括财务报表和其他应当在财务报告中披露的相关信息和资料。其中，财务报表由报表本身及其附注两部分构成，财务报表本身至少应当包括资产负债表、利润表和现金流量表等报表。

二、资产负债表：企业的"底子"

资产负债表是企业的"底子"。阅读资产负债表，能帮助你了解企业的规模、资产分布情况以及所欠的外债内债。要了解企业的状况，你首先得摸清企业的家底。

资产负债表是反映企业在某一特定日期的资产、负债及其所有者权益规模和构成等财务状况的会计报表。格式见表2-1。资产负债表左边的资产是资金在企业运用后形成的各项具体形态，本书第一章资金运动图（见图1-1）曾介绍过资金的来源有两种，即资产负债表右边的负债（债权人借入）和所用者权益（业主投入及企业利润留存）。资金来源等于资金运用，因此资产负债表存在"资产＝负债＋所有者权益"这一恒等关系。

表2-1 企业资产负债表

编制单位： 　　　　　　　年　月　日　　　　　　　单位：元

资产	年初数	年末数	负债和所有者权益（或股东权益）	年初数	年末数
流动资产：			流动负债：		
货币资金			短期借款		
交易性金融资产			交易性金融负债		
应收票据			应付票据		
应收账款			应付账款		
预付款项			预收款项		
应收利息			应付职工薪酬		
应收股利			应交税费		
其他应收款			应付利息		

续表

资产	年初数	年末数	负债和所有者权益（或股东权益）	年初数	年末数
存货			应付股利		
一年内到期的非流动资产			其他应付款		
其他流动资产			一年内到期的非流动负债		
流动资产合计			其他流动负债		
非流动资产：			流动负债合计		
可供出售的金融资产			非流动负债：		
持有至到期投资			长期借款		
长期应收款			应付债券		
长期股权投资			长期应付款		
投资性房地产			预计负债		
固定资产			递延所得税负债		
在建工程			其他非流动负债		
工程物资			非流动负债合计		
有形资产			负债合计		
无形资产			所有者权益（或股东权益）：		
长期待摊费用					
开发支出			实收资本（或股本）		
商誉			资本公积		
递延所得税资产			盈余公积		
其他非流动资产			未分配利润		
非流动资产合计			所有者权益（或股东权益）合计		
资产总计			负债和所有者权益总计		

1. 了解资产及其分布

资产是企业拥有或者控制的各种资源。资产按其流动性可以分为流动资产、非流动性资产（长期投资、固定资产、无形资产等）。

（1）流动资产

流动资产是指可以在一年内变现或者耗用的资产，主要包括货币资金、交易性金融资产、应收及预付款项、存货等。

货币资金是指以货币形态存在的资产，包括现金、银行存款、其他货币资金。货币资金的流动性最强，能随时从银行或单位的财务部门取出来用于企业的各种支付。

交易性金融资产是指能够随时变现并且不准备长期持有的投资，比如股票投资、债券投资、基金投资等。企业持有交易性金融资产主要基于投机目的，以提高闲置资金的使用效率。

应收及预付款项是指企业在日常生产经营过程中发生的各种债权，包括应收票据、应收账款、其他应收款和预付账款等。应收账款一般用来反映企业与客户之间的往来款，其他应收款是指反映企业与员工个人之间的借款，如股东、员工借款，出差预借差旅费等。

存货是指企业在日常生产经营过程中持有的，以备出售或者仍然处在生产过程中将要消耗的，或者在生产或提供劳务的过程中将要耗用的各种材料，包括商品、产成品、半成品、在产品以及各类材料等。相对于金融性资产而言，存货的变现能力要差一些。

（2）长期投资

长期投资指准备长期持有的投资，公司进行这种投资的目的通常是为获得长期投资回报或公司发展基于战略考虑。长期投资包括各种股权投资、债券投资和其他长期投资等。比如某钢铁厂进行生产所需的铁矿石比较紧缺且价格不断上涨，企业可对某矿山进行股权投资，以提高铁矿石供应的保障程度。

（3）固定资产

固定资产是指企业为生产商品、提供劳务、出租或经营管理而拥有的有形资产。固定资产通常是使用年限超过一年，而且单位价值较高的主要劳动资料。固定资产主要包括房屋及其他建筑物、机器设备、运输工具以及其他与生产经营有关的工具、器具等。

（4）无形资产

无形资产是指企业为生产商品、提供劳务、出租给他人，或为管理目的而持有的，没有实物形态的非货币性长期资产。无形资产主要包括专利权、非专利技术、商标权、著作权、土地使用权、特许权等。

除上述资产以外的其他资产包括长期待摊费用。长期待摊费用是指企业已经支出，但摊销期限在一年以上（不含一年）的各项费用，如开办费、固定资产大修理支出、租入固定资产的改良支出等。

探究·思考

资产越多表示企业规模越大，企业各项资产都是越多越好吗？

并非如此。应收款项过多，形成坏账的可能性就很大；存货过多可能意味着材料或产品的积压。长期待摊费用虽然是资产，但其实是一种已经支出的费用。因此，虽然资产反映企业的规模，但还需要通过对各项资产的具体分析，比如，看企业负债情况是否是靠负债得到的资产,判断其数量的合理性和对企业的价值。

2. 关注负债及其期限

负债是企业的现时义务。负债通常按其流动性进行分类,分为流动负债和长期负债,这样分类的目的在于了解企业流动资产和流动负债的相对比例,便于直观地了解企业的短期偿债能力,从而向债权人揭示其债权的相对安全程度。

(1)流动负债

流动负债是指将在一年内偿还的债务,包括短期借款、应付票据、应付账款、预收账款、应付职工薪酬、应付股利、应付利息、其他暂收应付款项和一年内到期的长期借款等。流动负债的形成通常包括两种原因:一种是向金融机构(比如银行)借入的短期借款;另一种是经营过程中产生的短期应付款项,比如应付账款、应付职工薪酬等。经营性流动负债通常应当长期保持在一定的比例范围。

(2)长期负债

长期负债是指偿还期在一年以上的负债,包括长期借款、应付债券和长期应付款等。长期负债的形式很多,主要有:从金融机构和其他单位获得的长期借款;公司、企业发行的公司或企业债券;融资租赁方式下租入固定资产的长期应付款;引进设备的长期应付款;专项应付款等。

▷▷▷ **探究·思考** ◁◁◁

对企业来说,流动负债和长期负债的还债压力一样吗?什么情况下企业会破产?

回答是二者的还债压力不一样。流动负债是一年内要偿还的债务，也是还债压力最大的负债。通常情况下，企业会保持适度的负债规模，只要企业经营稳定，通过"借新债还旧债"可以偿还长期负债。但流动负债却需要通过运营过程中的利润进行支付（比如员工薪酬、利息费用等），或用资产进行偿还（比如应付账款）。因此正常运营的企业主要面对流动负债的还债压力。如果企业因需要扩大负债规模，且经营活动不能产生足够的利润，企业的财务风险将会剧增，如果长时间不能改善，那破产的风险就很大了。

3. 分析所有者权益及其类型

所有者权益是指企业资产扣除负债后由所有者享有的剩余权益。公司的所有者权益又称为股东权益。所有者权益包括：实收资本（股份公司称作"股本"）、资本公积、盈余公积和未分配利润。

（1）实收资本（股本）

实收资本（股本）是投资者按照企业章程或合同、协议的约定，实际投入企业的资本，它是企业注册成立的基本条件之一，也是企业承担民事责任的财力保证。所有者投入的资本一般不得撤回。

假设秦奋和同事各出资 50 万元成立了一家公司，各占 50% 的股权，这 100 万元就是实收资本。

（2）资本公积

资本公积也叫准资本，是资本在运营过程中发生的增值，如资本（或股本）溢价。资本溢价是指企业投资者投入的资金超过其在注册资本中所占份额的部分。

秦奋的公司一年以后已有盈利，且前景看好。此时有第三方张某要加入，希望和大家占有相同的股权。如果张某提出出资50万元占有三分之一的股权。秦奋和他的合伙人应该同意吗？

秦奋和他的合伙人显然不应该同意张某的方案。因为张某没有承担公司成立初期的风险，而且其加入还将对公司以前留存的利润享有相同的分配权。假设张某与公司最终商议决定，张某出资80万元占有三分之一股权，那其中的50万元就是实收资本，30万元就是资本溢价，属于资本公积。

（3）盈余公积

盈余公积指企业从税后利润中提取的公积金，包括法定盈余公积、任意盈余公积和法定公益金。法定盈余公积是指企业按照规定的比例（公司制企业为10%）从净利润中提取的盈余公积；任意盈余公积是指企业经股东大会或类似机构批准后，按照确定的比例从净利润中提取的盈余公积。

（4）未分配利润

未分配利润指企业留待以后年度分配的利润，是尚未指定用途的利润，或待分配利润，是企业的净利润提取盈余公积并向投资者分配利润后剩下的部分。

探究·思考

前文H公司的财务报告显示公司资不抵债，所有者权益为-2500万元。你认为是由上文所述四项中哪些项目造成的？

所有者权益可以分为投入资本和保留盈余两类。投入资本包括实收资本和资本公积，通常不能提走。保留盈余包括盈余公积和未分配利润。保留盈余是利润在企业内部的留存，如果利润持续为负，那保留盈余就逐渐变为负数，日积月累，就会导致所有者权益为负了。因此，H公司所有者权益为负很可能是以前年度的持续亏损导致的。

4. 资产负债表的作用

资产负债表的作用主要包括：

◇可以提供某一日期资产的总额及其结构，表明企业拥有或控制的资源及其分布情况。通过阅读资产负债表，可以了解企业历年的发展速度及资产分布是否合理。

◇可以提供某一日期的负债总额及其结构，表明企业未来需要用多少资产或劳务清偿债务以及清偿时间，从而判断企业的负债规模是否合适，财务风险如何。

◇可以反映所有者所拥有的权益，据以判断资本保值、增值的情况以及对负债的保障程度。

三、利润表：企业的"面子"

利润表是反映企业在一定会计期间的经营成果的会计报表。通过利润表可以了解企业实现的收入、发生的费用以及利得和损失等金额及其结构情况。利润表是企业的"面子"，业绩好，企业才显得有"面子"，"好面子"是上市公司进行财务造假的原因之一。

企业的收入抵减费用后形成利润。营业利润、利润总额和净利润是三个不同的概念,其计算也存在差异。利润表反映了这三个指标的计算过程。利润表格式见表2-2。

表2-2 企业利润表

编制单位:　　　　　　　　年　月　　　　　　　　单位:元

项目	本期金额	上期金额
一、营业收入		
减:营业成本		
营业税金及其附加		
销售费用		
管理费用		
财务费用		
资产减值损失		
加:公允价值变动收益(损失以"-"号填列)		
投资收益(损失以"-"号填列)		
其中:对联营企业和合营企业的投资收益		
二、营业利润(亏损以"-"号填列)		
加:营业外收入		
减:营业外支出		
其中:非流动资产处置损失		
三、利润总额(亏损总额以"-"号填列)		
减:所得税费用		

续表

项目	本期金额	上期金额
四、净利润（净亏损以"-"填列）		
五、每股收益：		
（一）基本每股收益		
（二）稀释每股收益		

1. 营业利润是企业盈利的基础和保障

营业利润是企业通过日常经营活动取得的利润，也是企业实现盈利的保障。营业利润具有重复性和可预见性，因为企业的经营活动周而复始地进行，具有很强的规律性。

"营业收入"指企业通过经营活动获得的主营业务收入和其他业务收入。比如商业企业销售商品、制造业企业销售产品（包括原材料）取得的收入都是营业收入。

"营业成本"与"营业收入"相对应，反映企业为取得主营业务和其他业务收入所发生的成本额。比如商业企业销售商品的采购成本、制造业企业销售产品的生产成本等。

"营业税金及附加"是指企业经营业务应负担的各种税费，包括消费税、城市建设维护税、资源税、土地增值税和教育费附加等。

"销售费用"是指企业在销售商品过程中发生的包装费、广告费等费用和为销售本企业商品而专设的销售机构的职工薪酬、业务费等经营费用。销售人员提成也属于销售费用。

"管理费用"是企业为组织和管理生产经营所发生的管理费

用，包括行政部门的各项支出。

"财务费用"是企业筹集生产经营所需资金等而发生的融资费用，如利息费用。

"资产减值损失"指企业各项资产发生的减值损失，包括应收账款可能发生的坏账损失、存货因过时可能发生的跌价损失等。

"公允价值变动收益"反映企业应当计入当期损益的资产或负债公允价值变动收益。比如企业上个月以10元/股购进某公司股票10000股，目前的市场价值为12元/股，但企业并不打算立即出售，其差额每股2元总共20000元的增值就是公允价值变动收益。

"投资收益"反映企业以各种方式对外投资所取得的收益。

●●●探究·思考●●●

以股票投资为例，公允价值变动收益和投资收益的区别表现在哪些方面？

公允价值变动收益只是账上盈利，投资收益是已经实现的收益。上述购买股票的行为中，如果企业不出售股票，股票的20000元增值就是公允价值变动收益，如果企业出售了股票，20000元就是投资收益。

2. 利润总额受非经常性业务的影响

"营业利润"是企业经常性、反复性经营行为形成的利润，也是企业利润的最重要组成部分。在营业利润的基础上加上营业外收入，减去营业外支出，就可以得到企业的利润总额。

"营业外收入"是指企业发生的与经营业务无直接关系的各项收入,比如接受捐赠、政府补助、变卖废弃固定资产的净收益等。营业外收入通常不具有可预见性和持续性。

"营业外支出"是指企业发生的与经营业务无直接关系的各项支出。包括企业的对外捐赠、罚款支出(如税款滞纳金)及出售固定资产的净损失等。

3. 净利润反映企业的最终盈利水平

"利润总额"扣除所得税之后就可以得到企业实现的"净利润"。股份有限公司的净利润按股本摊薄后得到每股收益。

● ● ● 探究·思考 ● ● ●

*ST新天国际2005—2006年已经连续两年亏损,2007年该公司的营业利润为-32415.5万元,营业外收入为33095.2万元,营业外支出为158.4万元,利润总额为519.3万元,净利润为488.9万元。你怎么看待该公司2007年的扭亏为盈?

ST新天国际虽然在2007年成功地扭亏为盈,但其贡献主要来自高达3亿多元的营业外收入,营业外收入不具有持续性和可预见性,且该公司经营行为取得的利润仍然为负。因此,虽然该公司实现了扭亏为盈,但如果不改善和提高公司经营活动创造利润的能力,公司未来的发展前景仍然让人担忧。而且,根据我国有关规定,上市公司出现两年连续亏损情形的,交易所将会对其股票交易实行退市风险警示,在公司股票简称前冠以"*ST"字样,如果公司继续亏损的话，就会面临暂停上市风险。因此，不能排除该公司为避免摘牌可能存在的操纵利润的行为。

ST新天国际2008年、2009年的年报显示，营业利润与净利润均为负数。这进一步证实了靠营业外收入扭亏为盈只是短暂行为，很难持续。

4. 利润表的作用

利润表的作用主要包括：

◇可以提供一定期间企业的利润构成，表明企业从经营活动和非经营活动中分别取得了多少利润，从而帮助企业判断盈利能力的持续性。ST新天国际的案例说明了这一作用。

◇可以提供一定期间收入与成本的信息，通过将收入与成本相配比，可以计算企业的毛利率，帮助企业判断利润空间。

◇可以提供反映企业管理水平的信息。从管理费用、财务费用和销售费用三项期间费用的趋势变化和比例可以判断企业的管理水平，从而促进企业提高管理效率。

◇可以提供企业对社会贡献的信息。从所得税费用可以分析企业对社会的贡献。

◇可以提供企业的总体盈利水平。净利润可以反映企业生产经营活动的成果，每股收益是股东获得股利的基础，据以判断资本保值、增值等情况，对企业盈利能力来进行综合判断。

四、现金流量表：企业的"日子"

现金流量表是"日子"，日子过得好不好关键在于手中有没有银子。企业在加速前进的时候，千万别只顾加足马力却忘了油箱里没油。

现金流量表是反映企业在一定会计期间的现金和现金等价物流入和流出的会计报表，以便于财务报表使用者了解和评价企业获取现金和现金等价物的能力，并据以预测企业未来现金流量。现金流量表以现金和现金等价物为基础进行编制，可以划分为经营活动、投资活动和融资活动现金流量三部分。现金流量表格式见表2-3。

表2-3 企业现金流量表

编制单位：　　　　　　　年　月　　　　　　　单位：元

项目	本期金额	上期金额
一、经营活动产生的现金流量：		
销售商品、提供劳务收到的现金		
收到的税费返还		
收到其他与经营活动有关的现金		
经营活动现金流入小计		
购买商品、接受劳务支付的现金		
支付给职工以及为职工支付的现金		
支付的各项税费		
支付其他与经营活动有关的现金		

续表

项目	本期金额	上期金额
经营活动现金流出小计		
经营活动产生的现金流量净额		
二、投资活动产生的现金流量：		
收回投资收到的现金		
取得投资收益收到的现金		
处置固定资产、无形资产及其他长期资产收回的现金净额		
处置子公司及其他经营单位收到的现金净额		
收到其他与投资活动有关的现金		
投资活动现金流入小计		
购建固定资产、无形资产及其他长期资产支付的现金		
投资支付的现金		
取得子公司及其他经营单位支付的现金净额		
支付其他与投资活动有关的现金		
投资活动现金流出小计		
投资活动产生的现金流量净额		
三、筹资融资活动产生的现金流量：		
吸收投资收到的现金		
取得借款收到的现金		
收到其他与筹资融资活动有关的现金		
筹资融资活动现金流入小计		
偿还债务支付的现金		

续表

项目	本期金额	上期金额
分配股利、利润或偿付利息支付的现金		
支付其他与筹资融资活动有关的现金		
筹资融资活动现金流出小计		
筹资融资活动产生的现金流量净额		
四、汇率变动对现金及现金等价物的影响		
五、现金及现金等价物净增加额		
加：期初现金及现金等价物余额		
六、期末现金及现金等价物余额		

1. 分析经营活动现金流量

经营活动是指企业投资活动和融资活动以外的所有交易和事项。各类企业由于行业特点不同，对经营活动的认定存在一定差异。对于工商企业来说，经营活动主要包括销售商品、提供劳务、购买商品、接受劳务、支付税费等。

【分析要点】对于一家正在成长的公司来说，经营活动现金流量应是正数，而且越大越好，这表明企业不仅能轻松支付经营活动中的货款、员工工资及各种费用，而且还有余力为企业进一步扩张提供资金来源。

2. 分析投资活动现金流量

投资活动是指企业构建长期资产的投资及其处置活动。长期投资是指固定资产、无形资产、在建工程、其他资产等持有期限在一年以上的资产。

【分析要点】对于一家正在成长的公司来说,投资活动的现金流量可以为负数,说明企业正处于投资成长阶段。如果现金流量为正数,说明企业可能处在规模萎缩或者战略调整阶段,正在对现有资产进行处置。

3. 分析融资活动现金流量

融资活动是指导致企业资本及债务规模和构成发生变化的活动。资本既包括实收资本(股本),也包括资本溢价(股本溢价);债务主要指对外举债,包括向银行借款、发行债券以及偿还债务等。通常情况下,应付账款、应付票据等属于经营活动,不属于融资活动。

【分析要点】融资活动的现金流量的正负取决于经营活动产生的现金流量是否能够支撑投资的需求,如果不能,就需要从资本市场上进行相应规模的融资。

一般而言,现金净流量越大,企业偿付债务的能力就越强。通常来讲,如果企业某一期现金净流量为负,可能是由于企业扩张等原因造成的,但如果企业现金净流量连续几年为负数,总经理就需要特别小心了。

表2-4是万科公司2005—2008年的现金流量表的部分数据,由该表你能得出什么结论呢?

第一章 总经理必懂的财务报告常识

表2-4 深圳万科2005—2008年现金流量表（部分）

单位：亿元

	2008	2007	2006	2005
经营活动现金流量净额	-0.3	-104	-30	8
投资活动现金流量净额	-28	-46	-15	-4
筹资融资活动现金流量净额	58	214	121	-4

从上表可以看出，深圳万科的现金流并不轻松。2006年和2007年经营活动产生巨额现金净流出，投资活动也规模不小，幸亏企业名声在外，筹集资金能力较强。不难看出万科的资金压力非常大！

2007年以来，万科斥巨资获得新项目54个，规划建筑面积总计约1142万平方米。公司面临巨额的土地出让金及各种工程款项的支付问题，2008年以来，日渐冷淡的房地产市场更让这些资金的迅速回笼雪上加霜。

同时，万科在2006年以来同一些境外资金进行合作，这些高利息投资也已陆续进入兑现周期。此外，公司业绩快报显示，依靠"快速开发、快速销售"回笼资金的万科也与其他房地产企业一样，遭遇销售放缓的困境。2008年5月以来，万科开始调整销售策略，通过降价及力推中档房、限价房项目开发的方式维持资金流。

利润只是账面上的，比如前文提到的公允价值变动收益，股票不卖盈利永远是纸上富贵，"落袋为安"才变成了现金。"现金为王"是硬道理！地王也要向现金低头。

万科的数据也显示了房地产行业的一个特征，即在项目运营前期需要巨额的现金支出，房地产行业资金压力巨大，只有进入销售环节才能使资金压力缓解下来。

　　日子要过得宽松点，资金链条就不要绷得太紧。当企业要进行投资或新项目建设时，利润不能用来支付，现金才是维持项目持续运转的硬通货。"地主家也没有余粮"是需要总经理高度关注和警惕的情形。

4.现金流量表的作用

　　现金流量表的作用主要体现在以下几个方面：
◇有助于评价企业支付能力、偿债能力和周转能力；
◇有助于预测企业未来现金流量；
◇有助于分析企业收益质量及影响现金流量的因素，掌握企业经营活动、投资活动和融资活动的现金流量，可以从现金流量的角度了解净利润的质量，为分析和判断企业的财务前景提供信息。

五、财务报表附注：看看企业的会计政策

　　附注是对在会计报表中列示项目所做的进一步说明。企业编制附注的目的是通过对财务报表本身做补充说明，以更加全面、系统地反映企业财务状况、经营成果和现金流量的全貌，从而为使用者提供更为有用的决策信息，帮助其做出更加科学合理的决策。

　　财务报表中的数字是分类与汇总后的结果，是对企业发生的

经济业务的高度简化和浓缩的数字。附注则是对在资产负债表、利润表、现金流量表和所有者权益变动表等报表中列示项目的文字描述或明细资料,以及对未能在这些报表中列示项目的说明等。附注披露的相关内容有:企业的基本情况、重要会计政策和会计估计及报表重要项目的说明等。

> **探究·思考**
>
> 报表附注是可有可无的信息吗?会计政策有现实经济意义吗?会计政策的变化能反映高管的某种倾向吗?

冠福家用是一家从事日用工艺美术品加工制造的公司,于2006年12月在深交所中小企业板上市,公司主要采用经销商销售模式。该公司2007年的财务报表附注中进行了说明:将之前一直采用"委托代销"方式确认销售收入的会计政策改为用"一般销售"确认销售收入。

> **知识链接**
>
> "委托代销"与"一般销售"的区别
>
> "委托代销"即各分销商实际售出商品、向公司报送已销产品清单后,公司才确认销售收入实现。
>
> "一般销售"即公司在向分销商发出商品并在对方确认收到商品后,就直接确认收入,而不考虑分销商是否真正实现或完成了对外销售。显然,"一般销售"能够提前确认更高的销售收入。

2008年3月29日,《经济观察报》以"冠福家用年报质疑,

21天核销3成利润"为题，质疑冠福家用频繁变更会计政策是为了配合"小非"解禁出货。

这则报道使冠福家用的非流通股解禁减持情况浮出水面。2008年1月2日，冠福家用部分限售股取得流通权，次日公司股价创出历史最高水平，达到每股31.07元。到2月29日止，公司11位发起人中已解禁的7位发起人股份减持近600万股。减持结束后，冠福家用恢复采用"委托代销"收入确认方式。前后不足20天，会计政策变更直接导致2007年度每股收益从更正前的每股0.35元下降到更正后的每股0.22元。冠福家用2007年会计政策的变更，存在明显的为配合"大小非解禁出货"而粉饰财务报告的倾向。

冠福家用3月31日发布《澄清公告》，声称公司并无违法违规行为。2008年5月，福建证监局向冠福家用（002102）发出了《关于限期整改的通知》（闽证监公司字［2008］14号），要求该公司对随意变更会计核算方法进行整改。

会计政策具有一定的经济后果，将企业会计政策变更与股东行为结合起来进行分析，就能帮助总经理对企业的高管行为进行判断。另外还能看出，财务报表附注中有挖掘不完的增量信息。

六、阅读报表三步走

在当前信息爆炸的时代，输入一个关键词就能从网络查到数万条信息。因此，信息时代缺的不是信息，而是甄别信息、运用信息进行决策判断的能力。企业财务报告包含的信息可谓非常丰富，上市公司财务报告也洋洋洒洒几十页，总经理需要了解哪些信息，如何从报表中尽快捕捉到需要的信息呢？阅读报表也需要掌握技巧和方法，这样才能事半功倍。

1. 看报表总额，了解总体情况

◇通过资产负债表摸清企业家底。了解企业规模（资产总额）、企业债务规模（负债总额）、企业净资产（所有者权益）总额。

◇通过利润表了解企业销售规模和盈利能力。了解企业销售额（营业收入）、企业成本（营业成本）、企业盈利情况（三大利润指标）。

◇通过现金流量表了解企业现金流入流出情况，看看企业是否还有余粮。

通过阅读报表总额，公司的总经理能对企业状况形成大致判断。

2. 关注报表中的异常项目

在形成大致判断后，应当进一步细看报表中的项目，对于异常数据进行关注，并结合后面的财务分析做深入了解。比如ST新天国际2007年营业利润的巨额亏损和巨额的营业外收入都是异常的指标，需要特别关注。

3. 进行财务指标综合分析

财务指标综合分析可以对企业进行全面的诊断，对前面发现的疑问做出进一步分析,并通过与同行业企业的比较,发现企业存在的问题,为企业未来的政策调整提供依据。

财务指标综合分析应如何进行呢?其重点是什么呢?在下一章我们将进行详细介绍。

第三章

总经理必修的财务分析方法

财务分析并不是指标越多越好。只要掌握了核心指标,就能准确地给企业"把脉",而且绝不会被指标绕糊涂!关注财务风险、资本结构、盈利能力和资产管理水平是总经理进行财务分析的四个维度。

一、财务分析：绝不把总经理绕糊涂

总经理秦奋听了一位财务专家朋友的建议，决定先从企业的财务报表分析入手，摸清家底，找准问题，然后有的放矢，使企业走上快速发展的良性循环轨道。他让毕业于某财经院校的高才生张三做一个财务分析报告。

三天后，张三加班加点赶做了一个财务分析模板，这指标那比率的，长篇累牍，还在一旁不停地解释，没有学过财务的秦奋是越看、越听越糊涂。有没有什么简洁的分析方法能让总经理明白呢？

财务分析就像给企业做体检。到了医院，打印出长长的一张纸的化验单，非专业医生很难把它们全部弄明白。但是普通老百姓通常只需要血压、血脂等几个常用指标就能基本判断自己的身体是否健康，是否需要进行调理。同样地，对于总经理来说，并不是指标越多越好，掌握一些关键财务分析指标，就能对企业的能力进行分析和判断。本章的目的在于帮助总经理简便快捷地对企业进行财务分析，绝不把总经理绕糊涂！

1. 总经理财务分析的四个维度

作为总经理，需要从哪些方面掌握企业的状况呢？图 3-1 显示了总经理必须关注和了解的财务分析的四个维度。

第三章 总经理必修的财务分析方法

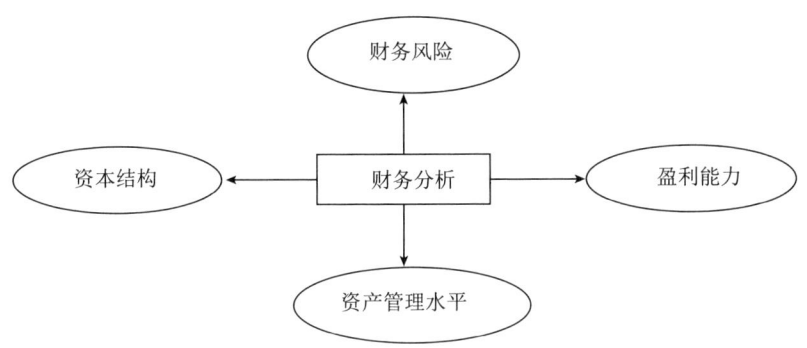

图 3-1 总经理财务分析的四个维度

（1）企业的财务风险与短期偿债能力

财务风险，通俗地讲，就是企业不能偿还到期债务的风险。对于正常经营的企业来说，企业会保持适度的负债规模，通过"借新债还旧债"可以偿还长期负债，但流动负债却需要短期内支付。因此了解企业的短期偿债能力，可以帮助判断企业的财务风险程度。

（2）企业的资本结构与长期偿债能力

资本结构，就是企业各种资本的构成及其比例关系，比如资产总额中负债的比重以及负债和所有者权益的比例等。从长期来看，公司的负债是需要清偿的，因此资本结构可以用来判断企业的长期偿债能力。

（3）企业的盈利能力

盈利能力是总经理最关注的问题之一，也是企业持续发展的基础。分析盈利能力也要考虑企业的规模，不能盲目比较绝对值。

（4）企业的资产管理水平

企业的资产管理是总经理天天都要面对的问题，弄清楚资产管理水平到底如何，加强对使用效率低下的资产的管理，能使企业资产发挥更大的作用。

在掌握四个维度的财务分析后再综合起来进行分析，判断对企业的总体影响，总经理对企业的状况就了如指掌了。

2.总经理需要掌握的财务分析方法

财务分析需要将多种分析方法结合起来进行综合判断。常用的财务分析包括以下四种方法。

（1）财务比率能提供更多的可比信息

财务比率是以财务报表资料为依据，将两个相关的数据进行相除而得到的比率。选择不同的指标，可以对企业的不同方面进行分析。

2018年，秦奋的公司资产总额500万元，实现净利润200万元；钱总的公司资产总额1个亿，实现净利润1000万元。你认为哪家公司盈利能力强呢？

从绝对值来看，钱总的公司盈利1000万元，远远高于秦奋的公司。但两家公司存续时间和规模均不同，仅仅比较绝对值是没有意义的。结合资产总额反映的公司规模，钱总的公司用1个亿的资产创造了1000万元利润，资产净利率为10%，而秦奋的公司用500万元的资产创造了200万元的利润，资产净利率为40%。由此看来，秦奋的小公司盈利能力更强。

根据不同的分析要求，总经理需要计算出对应的财务比率。关于财务比率的具体计算将在本章下一节进行详细介绍。

（2）结构百分比能分析报表项目构成是否合理

比如将流动资产与总资产进行比较，将营业收入与营业成本进行比较等。总经理可以根据自己的需要对关注的指标进行重点分析。从广义上讲，结构百分比也是财务比率的一种。

华润三九（000999）和吉林敖东（000623）都是从事医药生产的上市公司。表3-1是两家公司2009年度利润表中的部分数据。你如何判断这两家公司的盈利情况呢？

表3-1 2009年度利润表（部分）

单位：亿元

	华润三九	吉林敖东
营业收入	48.53	10.26
减：营业成本	23.96	3.57

从绝对值来看，华润三九的销售收入更高，因此销售规模要大，但华润三九的营业成本占营业收入的比重为49.37%，吉林敖东的营业成本占营业收入的比重为34.80%，远低于前者，因此吉林敖东在成本控制方面做得比华润三九更好。

（3）通过趋势分析判断企业的发展变化

将关注的财务比率计算出来，然后将本期和前几期的结构百分比报表汇编在一起，逐项比较，查明各特定项目在不同年度所占比重的变化情况，并进一步判断企业经营成果与财务状况的发展趋势。下面我们一起来看看华润三九2006年到2009年应收账款和流动资产的数据（见表3-2）。

表3-2 资产负债表（部分数据）

单位：元

	2006-12-31	2007-12-31	2008-12-31	2009-12-31
应收账款	362929568	390268096	430563072	360750336
流动资产合计	5702578688	6498503680	2586500864	3037196032

我们可以计算出应收账款和流动资产逐年的变化趋势（见表3-3）。

表3-3 环比变化趋势分析结果（本年数/上年数）

	2006-12-31	2007-12-31	2008-12-31	2009-12-31
应收账款变化趋势	—	107.53%	110.32%	83.39%
流动资产变动趋势	—	113.96%	39.80%	117.42%

华润三九2007年、2008年应收账款呈缓慢上升趋势，2009年应收账款有所下降。与此同时，流动资产的变化显得异常，尤其在2008年流动资产大幅下降一半以上，结合当年应收账款不降反升，说明公司在流动资产管理方面可能存在问题。关于这点，需要取得更多数据进行进一步深入分析。

> **知识链接** ● ● ●
>
> 定基发展速度，指的是报告期水平与某一固定时期水平之比，反映了指标在较长时期内总的发展速度。
>
> 同比发展速度，一般是指本期发展水平与上年同期发展水平对比，从而达到的相对发展速度。
>
> 环比发展速度，一般是指报告期水平与前一时期水平之比，反映了指标逐期的发展速度。

（4）通过比较分析判断企业的水平

值得注意的是，财务指标计算出来之后，通常需要选择一个参照标准，以判断该指标是否正常。这正如体检指标需要有一个正常值参照标准一样。一般选择的标准有：

◇ 公认的标准值。在本章的下一部分将进行详细介绍。
◇ 行业平均水平。用以判断企业在行业中所处的位置。
◇ 行业中与本企业规模相当的企业的指标值。

二、从变现能力看财务风险

1. 财务风险：悬在头顶的一把剑

企业经营过程中面临着两大类风险。

一类是经营风险。经营风险通常是由于企业产品成本过高、市场占有率低、管理效率低下、发展战略错误等造成的。经营风险可以通过加强内部管理、开拓市场及加强新项目的可行性论证来避免。

另一类是财务风险。财务风险，通俗地讲，就是企业不能偿还到期债务的风险。如果企业不能到期偿还债务，债权人可以向法院申请债务人破产清算以清偿债务。第一章中郑百文公司就是因为大量到期的银行承兑汇票无力支付而导致破产。应对财务风险，就需要保证企业有足够的现金，加强企业的短期偿债能力。财务风险可以通过企业的变现能力来评价。

有人曾形象地撰写了一副对联，上联是"拆东墙补西墙墙墙不倒"，下联是"借新债还旧债债债还清"，横批是"资本运营"。这在一定程度上也体现了财务风险的含义，即短期债务是企业最迫切需要偿还的债务，长期债务则可通过新的融资来偿还。由此，我们可以看出，资产变现能力是衡量企业财务风险的重要指标。

2. 从变现能力看财务风险

变现能力也称为短期偿债能力。前文提到，正常经营的企业面临的主要财务压力是对短期内到期债务的偿还。通常采用的财务指标有：

（1）流动比率

$$流动比率 = 流动资产 \div 流动负债$$

一般认为，流动比率越高，企业偿还短期债务的能力越强。但是流动资产过多，也会影响资产的使用效率。因此，综合考虑，流动比率也不是越高越好。合理的流动比率是2。

（2）速动比率

$$速动比率 =（流动资产-存货）\div 流动负债$$

流动资产中存货的变现能力差，容易发生损坏，当存货积压或成本与市价之间存在较大差距时，就会无法实现盈利。比如服装厂的服装如果不能及时卖出去，过季之后就只能"挥泪大甩卖"，其售价常常不及成本的一半。一般来讲，存货约占流动资产的一半，因此，合理的速动比率为1。

但是该指标也因行业不同而可能存在差异。比如大量使用现金销售的商店，几乎没有应收账款，大大低于1的速动比率也是正常的。

下面我们仍以华润三九和吉林敖东为例，判断两家公司的短期偿债能力。表3-4是两家公司2007年至2009年资产负债表中的部分数据。

第三章
总经理必修的财务分析方法

表 3-4 年度资产负债表（部分）

单位：万元

	华润三九（000999）			吉林敖东（000623）		
	2007-12-31	2008-12-31	2009-12-31	2007-12-31	2008-12-31	2009-12-31
流动资产	649850	258650	303720	81450	129388	162818
其中：存货	60175	48428	41835	15831	14916	15283
资产总计	777339	505146	563142	563850	577755	716221
流动负债	487436	162415	161306	71449	61451	58125
负债合计	488994	163878	167995	74494	63474	60183
所有者权益合计	288345	341268	395147	4893565	14281	656037

根据上述财务数据，可以分别计算出两家公司2007年至2009年的流动比率和速动比率，如表3-5所示。

表 3-5 偿债能力分析

	华润三九（000999）			吉林敖东（000623）		
	2007-12-31	2008-12-31	2009-12-31	2007-12-31	2008-12-31	2009-12-31
流动比率	1.33	1.59	1.88	1.14	2.11	2.80
速动比率	1.21	1.29	1.62	0.92	1.86	2.54

从表3-5的分析中可以看出，2007年两家公司流动比率都偏低，吉林敖东在2008年、2009年显著改善了流动比率，均超过了2，华润三九的流动比率仍然偏低。但两家公司速动比率都较高，表明存货在流动资产中所占的比重并不高，表3-4的数据也证明了这一点。很可能的一个原因是医药行业药品及原材料的

时效性很强，容易发生过期变质的问题，因此存货比率较低可能是医药行业的一个普遍特征。总体而言，从发展趋势来看，两家公司均在不断加强短期偿债能力，财务风险控制得较好。

（3）现金比率

现金比率＝（货币资金+有价证券）÷流动负债

现金比率反映企业即时偿还流动负债的能力。现金比率越高，说明公司的短期偿债能力越强。现金比率一般认为20%以上为好。而现金比率偏低，说明该公司的短期偿债能力还是有一定风险，应缩短收账期，加大应收账款催账力度，以加速应收账款资金的周转。

【提示】在进行财务分析的时候，从较长的趋势进行分析更有意义，选择恰当的比较标准也是非常必要的。以上的分析过程很好地说明了这一点。

三、从负债规模看资本结构

资本结构，就是企业各种资本的构成及其比例关系，比如资产总额中负债的比重以及负债和所有者权益的比例等。通常用来判断资本结构的指标有两个：

1. 资产负债率

资产负债率也称为负债比率，其计算公式如下：

资产负债率＝负债总额÷资产总额×100%

资产负债率反映债权人提供的资本占全部资本的比例，也叫举债经营能力。从长期来看，公司的负债是需要清偿的，因此资产负债率也反映了公司的长期偿债能力。

对于负债比率，从债权人角度来看，希望企业的该指标越低越好，这样企业还账就更有保障。从股东的立场来看，在全部资本利润率高于借款利率时，负债越大越好，这样可以利用财务杠杆提高资本收益率。一般而言，企业会保持适度借债，资产负债率在50%比较合适，当资产负债率高于50%时，企业的财务风险就较高了。

> **知识链接** ● ● ●
>
> "权益乘数"是反映财务风险的另一个常用指标。"乘数"即"倍数"的含义，"权益乘数"表明资产对净资产的倍数。权益乘数越大，资产与净资产差额越大，负债总额就越大，公司的财务风险就越高，财务杠杆的作用也越大。反之亦然。

2. 产权比率

$$产权比率 = 负债总额 \div 所有者权益总额$$

产权比率是负债总额与所有者权益总额的比率，是评估资金结构合理性的一种指标。一般公认为资产负债率为0.5比较合适，因此产权比率的公认标准值为1。产权比率高，是高风险、高报酬的财务结构；产权比率低，是低风险、低报酬的财务结构。

根据表3-4提供的财务数据，可以计算出华润三九和吉林敖东的资本结构指标如表3-6所示。

表 3-6 资本结构分析

	华润三九（000999）			吉林敖东（000623）		
	2007-12-31	2008-12-31	2009-12-31	2007-12-31	2008-12-31	2009-12-31
资产负债率	0.63	0.32	0.30	0.13	0.11	0.08
产权比率	1.70	0.48	0.43	0.15	0.12	0.09

华润三九在2007年资产负债率为0.63，超过0.5的标准值，产权比率更是高达1.70。这表明华润三九在2007年负债规模还是偏高，但该指标在2008和2009年得到显著改善，均回归到标准值以下，公司负债的总体规模得到控制，财务风险亦得到控制。

此外还可以看到，吉林敖东的负债规模历年都很低，只占到公司资产总额的10%左右。其实我国许多上市公司中都存在这种现象，控制风险是许多高管特别关注的问题。当然，我国资本市场股权投资回报过低，也是导致上市公司偏好发股票而不愿借债的原因之一。

庞大集团是河北省的一家汽车经销商上市公司，成立于2003年3月3日，2011年4月28日在上交所上市。公司主营汽车销售服务，自成立以来，公司业务发展迅猛，曾是全球市值最高的汽车经销商集团，其净利润更是高达12.36亿。但近几年，伴随着经营状况的不断恶化，庞大集团的股价大幅下跌。自2015年6月以来，庞大集团的股价一直处于下行阶段，最低触及1.13元/股，较2015年6月18日最高点8.36元/股，跌幅逾83%。

2011年以来，为了占领市场，不断地扩张网点，由于网点、人员数量增加，业务规模不断扩大，各项期间费用增长较多。2012年年报显示，当年庞大集团在全国28个省、市、自治区及蒙古国拥有1429家经营网点，这种扩张直到2014年逐渐缓慢下来。

庞大集团的负债一直很高。2011年，公司负债总额较2010年攀升了33.31%，负债率达到81.33%，在随后数年，庞大集团的资产负债率一直维持在80%以上，仅2017年稍微下降至78.93%。

在2018年，由于乘用车市场整体放缓，4S店面临销售端的巨大销售压力。从2018年的财报数据看，虽然营业收入420.36亿元，但其流动性早已枯竭，经营活动产生的现金流净额为-122.32亿元，净利润亏损约61.55亿元，加上部分金融机构对公司采取了一系列紧缩信贷措施，公司资金紧张的情况进一步加剧。由于资金紧张，内外交困严重影响公司采购和销售，由于没有达到主机厂年度内容各项考核指标，无法足额获得主机厂优惠和返利政策。同时，在高库存压力下，公司被迫以折扣价出售库龄较长的车辆，导致经营成本上升、毛利下降。在双线压力下，4S店的现金流被耗干，进而形成恶性循环。

因公司资金流动性出现问题，在2018年相继收到来自天津滨海新区法院、北京市西城区法院等10余家法院的起诉，涉及融资租赁合同、买卖合同、借款合同等诉讼案件共24起，涉及金额约8亿元。

2019年5月21日，上海证券交易所发布公告《关于对庞大汽贸集团股份有限公司及有关责任人予以纪律处分的决定》，因庞大集团及相关责任人在权益变动上未如实披露、关联交易上该披未披、涉嫌犯罪被司法机关调查后未及时披露等违规行为，被上交所发文公开谴责。其中，时任董事长庞庆华被上交所公开认定3年内不适宜担任上市公司董监高，时任董秘刘中英被予以通报批评。

公司的资本结构显示了总经理对风险的态度，通常与总经理性格等相关。潘石屹幼时困窘的生活经历导致了个人对"欠人钱"等物质贫乏的极端厌恶。即使其毕业于哈佛商学院的夫人提醒，适当利用财务杠杆对公司发展是有利的，也很难改其初衷。仅利用自有资金运作，通常会导致公司错失一些良好的机遇，但同时也使公司的发展更稳健，更有能力度过金融风暴的危机。因此，选择怎样的资本结构就取决于总经理了。需要特别提醒的是，即使是爱好冒险的激进型总经理，也一定要时刻注意公司的负债规模，避免在不确定经济环境中形成过高的财务风险，给公司带来灭顶之灾。

在前文我们提到，对于一个正常经营的企业而言，总是保持着一定规模的负债。因此通过"借新债还旧债"可以偿还债务本金，企业需要通过利润支付的是债务利息部分。

3. 利息保障倍数

利息保障倍数 =（利润总额 + 利息费用）÷ 利息费用

利息保障倍数指标反映出企业的经营所得保障支付负债利息的能力，利息保障倍数足够大，企业就有充足的能力偿付利息。一般情况下该指标应大于1，同时应选择5年中最低的比率作为最基本的偿付利息能力指标，因为经营好的年头要偿债，不好的年头也要偿还大约同量的债务，否则就难以偿还债务及利息。但从短期看，由于折旧费、摊销费及折耗费等短期内不需要支付资金，所以利息保障倍数小于1时，企业通常也能偿还其利息债务。

四、从利润的"含金量"看盈利能力

盈利能力就是公司赚取利润的能力,也是总经理最关注的内容之一。反映盈利能力的指标包括销售毛利率、销售费用和管理费用率、营业净利率、营业收入现金比率、资产净利率,下面将做进一步分析。

1. 销售毛利率

销售毛利率=(销售收入−销售成本)÷销售收入×100%

销售毛利是盈利基础,没有足够大的毛利率便不能盈利。与销售毛利率相对应的指标是销售成本率。二者之间的关系如下:

销售毛利率+销售成本率=1

销售毛利率的计算很简单,但总经理在进行分析时,应重点分析毛利率的变动原因,可以分部门、分产品、分顾客群、分销售区域或分推销员进行分析,以判断哪些区域是盈利高的区域。

北京好易控科技有限公司是从事集中控制系统生产、销售的公司。公司的主要业务分为三类:一类是自行研发、设计、生产和销售的矩阵;一类是代理的中控系统;第三类是集中控制系统的供应、安装及调试项目。我们可以分别从三个类别看其从事项目的2009年和2008年的利润情况(表3-7)。

表 3-7 好易控公司产品分类毛利率分析

产品大类	营业收入（万元）		营业成本（万元）		营业毛利（万元）		毛利率 %		成本率 %	
	2009	2008	2009	2008	2009	2008	2009	2008	2009	2008
自产矩阵	140	20	40	10	100	10	71.43	50.00	28.57	50.00
中控系统	52	25	37	18	15	7	28.85	28.00	71.15	72.00
工程项目	632	397	586	354	46	43	7.28	10.83	92.72	89.17
合计	824	442	663	382	161	60	19.54	13.57	80.06	86.43

从上表可以看出，好易控公司总体毛利率并不高，不到20%。其中自产矩阵毛利率最高，2009年毛利率达到71.43%，但销售额不高，虽然2009年比2008年有了较大增长，但对企业总体的毛利贡献仍然有限。这表明市场占有问题是自行研发产品的主要问题。营业收入最高的工程项目毛利率却很低，2009年毛利率仅为7.28%，且呈下降趋势，究其原因是招投标制度不断压缩企业的利润空间。该公司应进一步加大自有产品的市场推广力度，以提高企业整体毛利率。

2. 销售费用和管理费用率

销售费用和管理费用率＝销售费用和管理费用总额÷营业收入×100%

销售费用和管理费用所占比例的高低可以反映企业的管理水平。在分析时可以将上述各项费用单独与营业收入进行对比，形成不同的费用率指标，分析各项目占总收入的比重及发展趋势。还可以与企业以前期间的该比率进行比较，和企业所在行业的平均值或者相似企业的该比率进行比较，可以了解企业所在行业的情况和企业在该行业的地位。这些对企业财务状况的全面了解是非常重要的。

3. 营业净利率

营业净利率又称销售净利率、销售利润率或简称利润率。

$$营业净利率 = 净利润 \div 营业收入 \times 100\%$$

这个比率是用来衡量企业营业收入给企业带来利润的能力。这个比率比较低，就表明企业经营管理者没有能创造出足够多的利润空间，或者没有成功地控制成本与期间费用。这个比率可以用来衡量企业总的盈利水平。

4. 营业收入现金比率

$$营业收入现金比率 = 经营现金净流量 \div 营业收入$$

该比率反映每1元销售得到的净现金。如果用主营业务收入来计算，该指标反映的就是完成的主营业务销售中获得现金的能力，该指标排除了不能回收的坏账损失的影响，因此较为保守，体现了利润的"含金量"。该指标通常越高越好。

5. 资产净利率

$$资产净利率 = 净利润 \div 资产总额 \times 100\%$$

资产净利率是一个综合指标，反映企业资产利用的效果。影响因素有：产品的价格、单位成本的高低、产品的产量和销售数量、资金占用量的大小等。

●●● 探究·思考 ●●●

某企业连续两年的利润表主要数据如下（见表3-8），请思考净利润变化情况以及净利润大幅下滑的原因是什么。

表3-8　绝对数比较利润表

单位：万元

	20×9年	20×8年	差异	差异百分比
营业收入	2300	2000	300	15%
营业成本	1780	1380	400	29%
毛利	520	620	-100	-16%
销售费用	210	140	70	50%
管理费用	90	80	10	13%
财务费用	8.6	9	-0.4	-4%
所得税费用		48	-48	-100%
净利润	211.4	343	-131.6	-38%

首先，该公司20×9年营业收入上升了15%，说明销售额增加；营业成本增长了29%，增长速度更快，导致公司的毛利率下降。这是导致利润下滑的最主要原因。公司需要进一步分析影响营业成本增长的因素，是人工因素还是原材料因素等，并考虑是否能积极消除这些因素对成本的影响。其次，销售费用的增长速度也达到50%，远高于营业收入增长率，究其原因有可能是产品广告、宣传、促销及销售人员提成等造成的，需要进一步考虑如

入增长速度，对利润的影响也在正常范围内。因此，该企业应重点关注营业成本和营业费用的增长及控制，如果成本难以下降，可以考虑能否相应提高产品销售价格，弥补营业成本上升的影响。

五、从营运能力看资产管理水平

营运能力用来衡量公司在资产管理方面的水平。

1. 存货管理水平

对于存货管理的评价指标，主要采用存货周转天数和存货周转次数来衡量。企业购进存货或自制存货的成本通过销售形成营业成本，因此存货周转与营业成本有关。

$$存货周转次数 = 销售成本 \div 平均存货$$

$$存货周转天数 = 360 \div 存货周转次数$$

$$平均存货 = （期初存货 + 期末存货）\div 2$$

一般来讲，存货周转速度越快，存货的占用水平越低，流动性越强，转换为现金或应收账款的速度越快。

物美大卖场志新店目前存货平均3个月周转一次，销售额为5000万元，周转一次的毛利率为15%。目前公司准备采取营销策略，降低销售价格，提高存货周转速度。调价之后存货平均两个月周转一次，周转一次的毛利率为12%。你赞成这次调价促销策略吗？

目前，公司存货周转一次毛利润 = 5000×15% = 750（万元），

全年毛利润 =750×4=3000（万元）。调价后，公司存货周转一次毛利润 =5000×12%=600（万元），全年毛利润 =600×6=3600（万元）。因此，调价促销后公司全年的毛利润能增加 600 万元，应采取降价促销策略。这就是通常所说的"薄利多销"，通过降低单次周转的利润，增加周转速度来提高公司总的利润水平。

2. 应收账款管理水平

对于应收账款管理的评价指标，主要采用应收账款周转天数和应收账款周转次数来衡量。应收账款是通过销售行为产生的，与企业的销售收入有关。

$$应收账款周转率 = 销售收入 \div 平均应收账款$$

$$应收账款周转天数 = 360 \div 应收账款周转率$$

$$平均应收账款 =（期初应收账款 + 期末应收账款）\div 2$$

一般来说，应收账款周转率越高，平均收账期越短，说明应收账款的收回速度越快。

3. 营业周期

营业周期是指从取得存货到销售存货并收回现金的这段时间。

$$营业周期 = 存货周转天数 + 应收账款周转天数$$

对于一家公司来说，营业周期越短，公司流动资产的运用效率越高，管理水平也越高。

4. 总资产周转率

为综合考察公司资产管理水平,可以计算总资产周转率。

总资产周转率 = 销售收入 ÷ 平均资产总额

一般来说,总资产周转率越高,公司的资产管理水平越强。

六、财务指标的综合运用

以上我们从财务风险、资本结构、盈利能力和营运能力四个维度分别对企业进行了分析,这些指标如果纳入同一个分析框架内,将能更好地帮助总经理判断企业的状况。

财政部等部委于1999年6月联合发布、2002年修订的《国有资本金绩效评价规则》及《国有资本金绩效评价操作细则》,是我国目前最为完善的企业综合评价体系。该规则要求对国有企业的绩效考核采用统一的评价指标及标准。该评价体系总共32个指标,以资产收益率为核心,运用多因素分析法,形成了评价企业财务效益、资产营运、偿债能力和发展能力等四个方面的综合指标体系。

净资产收益率反映了企业利用净资产获取利润的能力。该指标通过分解能对企业状况进行全面判断。首先,引入总资产,净资产收益率可以分解为资产净利率和权益乘数的乘积(见图3-2 Level 2)。其中,权益乘数反映了负债规模,该指标越大,企业负债率越高,财务风险也越大。接下来,引入营业收入,资产净利率可以分解为销售净利率和总资产周转率(见图3-2 Level 3)。销售净利率反映了企业的盈利能力,资产周转率反映了企业的资产管理水平。

分解过程如下：

Level 1：净资产收益率 = 净利润 ÷ 平均净资产

Level 2：净资产收益率 = 资产净利率 × 权益乘数

Level 3：净资产收益率 = 销售净利率 × 总资产周转率 × 权益乘数

这个分析过程是由美国杜邦公司首次提出的，因此也称为杜邦分析体系。

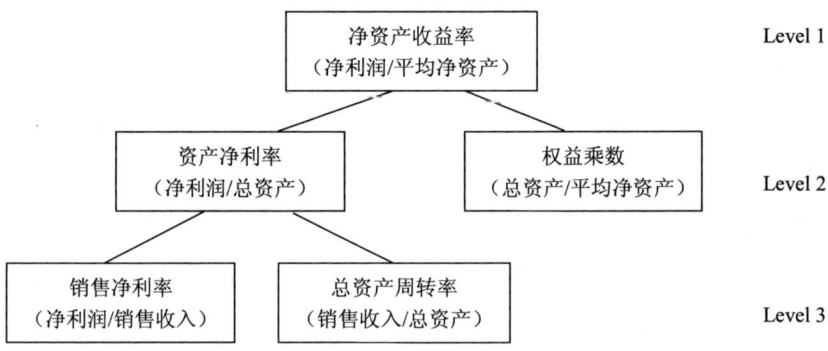

图 3-2　杜邦分析体系分解图

下面我们通过一个具体的案例来看看该指标的综合运用。

甲公司 20×8、20×9 年净资产收益率都为 12.12%，其他指标如表 3-9 所示。你认为该公司的财务状况有变化吗？

表 3-9　甲公司财务指标分析

	20×8 年	20×9 年
净资产收益率	12.12%	12.12%
资产净利率	6%	6%
权益乘数	2.02	2.02

续表

	20×8年	20×9年
销售净利率	5%	3%
资产周转率	1.2	2

从表面上看来，该公司净资产收益率两年均一致，财务状况似乎未发生变化。但通过进一步分析可以发现，该公司20×9年仅负债规模未发生变化（权益乘数不变），但盈利能力却下降，因为销售净利率从5%下降为3%，资产周转率从1.2上升为2，因此资产管理水平的上升掩盖了销售获利水平下降的事实。公司还需要进一步了解销售净利率下降的原因并寻找解决措施。

【提醒】净资产收益率不仅是对国有企业进行绩效评价的指标，也是我国证监会对上市公司进行考核，确定上市、配股资格的重要指标。对企业进行财务分析的时候，仅仅孤立地看某一个指标是没有意义的，要综合判断各类指标对企业综合绩效的影响，并从中找出影响企业绩效的症结所在。原因找得越具体越细致，对策就越有针对性和可操作性。切忌使用只看一点不计其余的分析方法。

表3-10是四家大公司20×4年的财务指标。你能从中获得哪些信息呢？

表3-10　杜邦分析体系的比较分析

公司名称	净资产收益率	销售净利率	总资产周转率	权益乘数
IBM公司	32.71%	8.99%	0.97次	3.74
宝钢集团	9.78%	8.77%	0.5次	2.21

续表

公司名称	净资产收益率	销售净利率	总资产周转率	权益乘数
GM公司	3.05%	0.34%	0.55次	16.44
华夏银行	9.29%	9.45%	0.03次	28.57

IBM公司综合绩效最好，各指标也都良好。宝钢集团各指标属正常范围。华夏银行虽然综合绩效不错，销售净利率也很高，但负债规模特别大，权益乘数达到28.57，资产周转速度也慢，但并不能据此简单地说该企业财务风险很高，因为这可能与其金融企业的性质有关。其财务风险需要与金融企业进行比较后才能做出进一步判断。GM公司综合绩效最差，销售净利率也显示出该公司盈利能力差，而且权益乘数居高不下，表明该公司负债规模相当高，财务风险不容忽视。

七、上市公司常用财务分析指标

在对上市公司的财务分析中，通常会使用一些指标。

1. 每股收益

每股收益 = 净利润 ÷ 发行在外的普通股股数

每股收益是衡量上市公司盈利能力最重要的财务指标，反映了普通股的获利水平。注意：每股收益不反映股票所含有的风险；股票是一个"份额"概念，限制了每股收益的公司间比较；每股收益多,不一定意味着分红多,还要看公司的股利分配政策。

2. 市盈率

$$市盈率 = 每股市价 \div 每股收益$$

市盈率是普通股每股市价为每股收益的倍数,反映投资人对每元净利润所愿意支付的价格,是市场对公司的共同期望指标,可以用来估计股票的投资报酬和风险。在每股收益确定的情况下,市价越高,市盈率越高,风险越大;但高市盈率也说明公司能够获得社会信赖,具有良好的前景,通常是市场热捧的股票,但是市盈率不能用于不同行业公司的比较。充满扩展机会的新兴行业市盈率普遍较高,而成熟行业的市盈率普遍较低。一般的期望报酬率为5%~10%,所以正常的市盈率一般为10~20。

3. 股利支付率

$$股利支付率 = 每股股利 \div 每股收益$$

股票持有人取得收益的来源有两个,一是取得股利,二是取得股价上涨的收益。在预期股价不能上升时,股利成为衡量股票投资价值的主要依据。

股利总额是指用于分配普通股现金股利的总额。股利支付率指净收益中股利所占的比重,反映公司的股利分配政策和支付股利的能力。

4. 每股净资产

每股净资产 = 所有者权益总额 ÷ 普通股股数

每股净资产也称为每股账面价值或每股权益，是用历史成本计量的，既不反映净资产的变现价值，也不反映净资产的产出能力。每股净资产，在理论上提供了股票的最低价值。如果公司的股票价格低于净资产的成本，成本又接近变现价值，说明公司已无存在价值，清算是股东最好的选择。

市净率说明市场对公司资产质量的评价。市价高于账面价值时，企业资产的质量好，有发展潜力。市价低于每股净资产的股票，就像售价低于成本的处理品。

> **知识链接** ● ● ●
>
> 目前，我国沪深证券交易所对财务状况和其他财务状况异常的上市公司的股票交易实施特别处理（ST）制度。其中财务状况异常主要指两种情况：一是上市公司经审计的两个会计年度的净利润均为负值；二是上市公司最近一个会计年度经审计的每股净资产低于股票面值。

第二篇
总经理企业财务控制实务

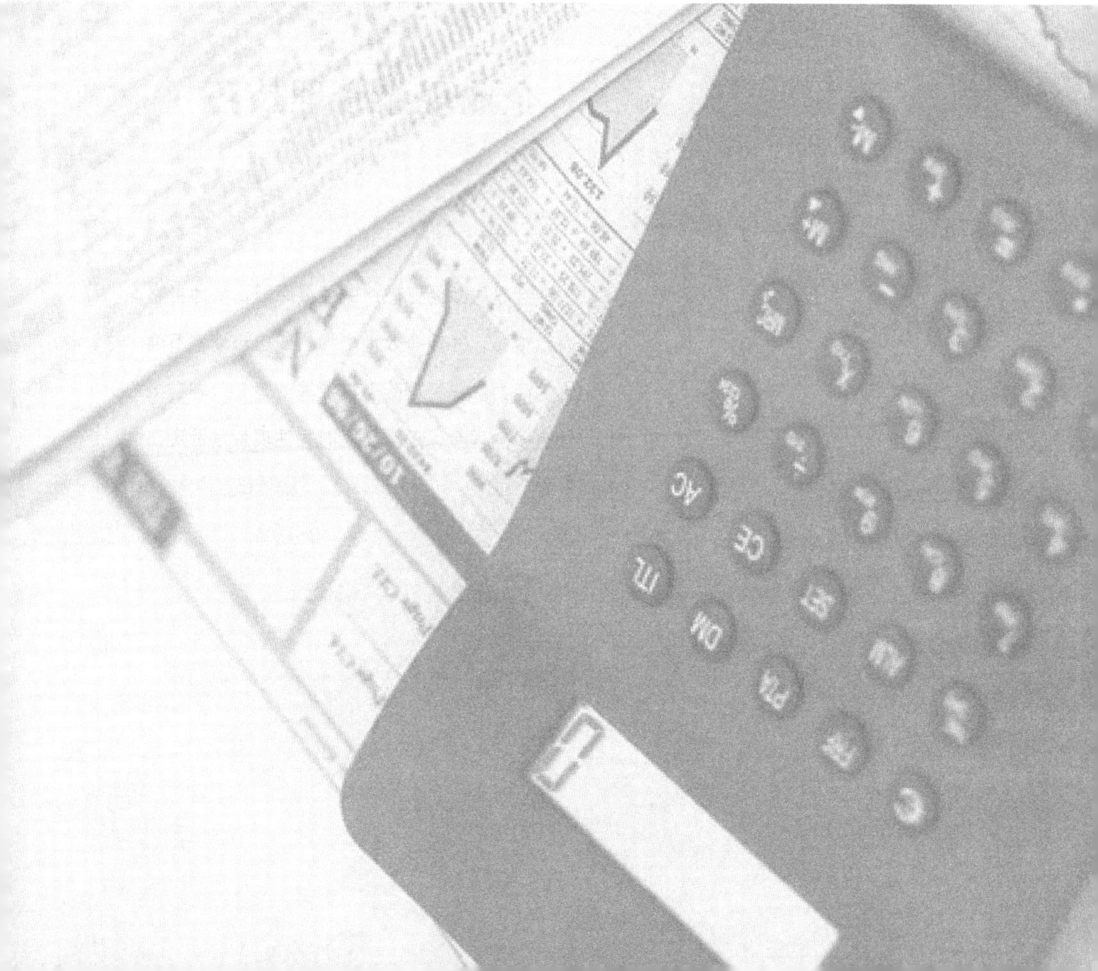

第四章

企业现金管理技巧

缺乏现金是导致企业破产的主要原因,"地主家要有余粮",才能有效地增强企业应对环境不确定性的能力。总经理除了需要算清楚"口袋"里应该有多少现金,还需要时时关注现金是否还在"口袋"里。

一、现金:"地主家要有余粮"

2008年金融危机导致很多企业破产,能够劫后余生的都是那些现金流量比较优良的企业。在西方发达国家80%的破产企业,虽然从账面上看起来是获利的,但却因为资不抵债、现金流量管理不好而宣告破产。

一家企业的账面利润再高,如果没有足够的现金流量,也无法进行正常的经营活动,甚至因财务状况恶化而倒闭。这些方面主要表现在:

◇ 现金不足,企业一方面将因为赊欠货款的不断增加而导致供货商终止供货,无法继续生产;另一方面,企业将因追讨货款而官司缠身,无法正常经营。

◇ 现金不足,工人工资无法按时发放,将导致企业人心惶惶,甚至工人罢工。

◇ 现金不足,税金无法及时上缴,将导致税务部门上门清收。

◇ 现金不足,到期债务无法按时归还,借款本息无法支付,将导致企业被迫清算破产。

"地主家有余粮",能有效地增强企业应对环境不确定性的能力。增强企业的财务弹性,是总经理应该把握的现金管理技巧之一。

二、"口袋"里该有多少现金

虽然现金是企业运营的命脉，但现金是不是越多越好呢？在第一章我们曾经提到一个重要概念：资金的时间价值。考虑到资金的时间价值，企业的现金持有量并不是越多越好。

1. 资金的时间价值

资金的时间价值，也称为货币的时间价值，是指资金经过一段时间的投资和再投资所增加的价值。通常情况下，资金的时间价值可以用没有风险和没有通货膨胀条件下的社会平均资金利润率来衡量。在计算资金的时间价值时通常按复利计算。

> **知识链接** ● ● ●
>
> 单利指的是计息时只在原有本金上计算利息，对本金所产生的利息不再计算利息。复利是把上期末的本利之和作为下一期的本金继续生息，让利息也能产生利息，就是俗称的"利滚利"。

让我们通过一个小例子来看看资金的时间价值。

某家长准备为孩子存入银行一笔款项，想在5年后得到200000元学杂费，假设银行存款利率为5%。该家长目前应存入银行多少钱呢？

利率5%、5年期的复利现值系数为0.7835，因此，目前需要存入银行的钱 =200000×0.7835=156700（元）。

也就是说，现在的 156700 元相当于 5 年后的 20 万元，增值部分就是资金的时间价值。因此对于企业来说，并不是留存的现金越多越好，需要确定一个恰当的现金持有量，既满足企业对现金的需求，也将多余的现金进行投资以获得回报，提高资金的使用效率。

注意：理论上资金的时间价值并不等于利率。但在计算货币时间价值时通常使用利率。

2. 企业现金需求的三个种类

现金是维持企业正常经营的保障。图 4-1 显示了企业现金需求的三个种类。

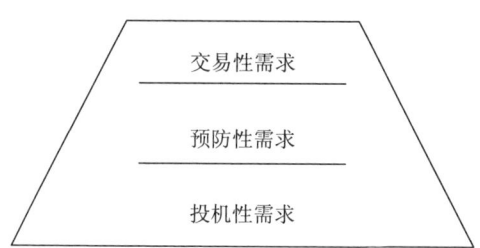

图 4-1　企业现金需求的三个种类

（1）交易性需求

交易性需求即企业日常业务产生的现金支付需求，比如支付货款、支付员工工资等。一般情况下，企业日常经营过程中很难做到现金收入正好与现金支出同步同量。如果收入小于支出，就造成了企业的现金短缺。企业必须保留满足其交易性需要的最低水平的现金额，才能使经营活动正常进行，以维持一定的企业信用。

（2）预防性需求

预防性需求是指意外情况发生导致的现金支付。"非典"期间大量学员退课曾导致新东方账上现金短缺，俞敏洪不得不临时向好友借钱应付大量的退款以渡过难关。这种意想不到的开支就是预防性需求拟应对的问题。其现金流量的不确定性越大，预防性现金的数额也就越大。金融危机下，企业对现金的需要量加大也是这个原因。

（3）投机性需求

投机性需求是指当出现意外的获利机会时，企业有足够的资金可以介入以获得不寻常收益。例如，遇到有廉价的原材料或其他资产供应时，能够有足够的资金用于购买。不过，除了专门的金融和投资公司，一般企业很少专门保留大数额的投机性现金，因为通过临时的短期借款也可以获得所需资金。

因此，对企业而言，现金持有量过多或者过少都不利于企业的经营发展。那么，应该如何确定企业最佳的现金持有量呢？

3. 现金的最佳持有量

现金管理的目的就是要使持有现金的成本最低而效益最大。企业货币资金过多，会导致现金闲置，资金的利用效率下降；货币资金过少，又不能满足企业生产经营等各种开支的需要，并降低了企业应对风险的能力。那么，到底应该保留多少现金余额才合适？现金管理要解决的核心问题就是确定最佳现金持有量。确定最佳现金持有量，需要在持有过多现金产生的机会成本与持有过少现金而带来的短缺成本之间进行权衡。

（1）成本分析方法确定最佳现金持有量

企业持有现金的成本有三种，如表 4-1 所示。

表 4-1 企业持有现金的成本

成本种类	含义	与现金持有量的关系
机会成本	持有现金的成本。主要体现在由于选择持有现金而使企业丧失的其他投资机会可能带来的收益等	同向变化关系
管理成本	管理现金的各种开支。具体包括财务管理人员工资、现金管理安全防范支出等	无明显的比例关系
短缺成本	缺乏现金的代价。主要表现为现金短缺造成生产停滞等问题而使企业蒙受的损失等	反向变化关系

> **知识链接**
>
> 机会成本在经济学上是一种非常特别的既虚又实的成本。它是指一笔资金在专注于某一方面的投资后所失去的在其他方面的投资获利机会。

最佳现金持有量就是要在资产的流动性和盈利能力之间做出抉择，以获得最大的长期利润。可以通过分析持有现金的成本，寻找使持有成本最低的现金持有量。

现金持有总成本最低时的现金持有量即机会成本、管理成本和短缺成本之和最低时的现金持有量。成本分析模式是一种传统的分析方法，其中机会成本、管理成本和短缺成本三项之和的总成本线是一条抛物线，该抛物线的最低点即为持有现金的最低总成本。

假设某企业总经理目前有以下四种现金持有方案可供选择，根据公司以往的经验，各种方案下现金持有量的机会成本和短缺成本见表4-2，其中机会成本是按照公司的平均资本收益率12%确定的，由于财务部门的规模及人员工资等是固定的，因此现金的管理成本在四种情况下是一样的。总经理应该选择哪种方案呢？

表4-2　不同方案下现金持有成本

单位：元

方案	甲	乙	丙	丁
现金持有量	25000	50000	75000	100000
机会成本	3000	6000	9000	12000
管理成本	20000	20000	20000	20000
短缺成本	12000	6750	2500	0
总成本	35000	32750	31500	32000

企业现金持有量越多，机会成本就越高，因为持有过多现金会丧失进行其他投资的机会。但同时，短缺成本最小，因为发生资金困难的可能性很小。综合四种情况分析，其中丙方案下现金持有量的总成本最低，因此可以确定公司的最佳现金持有量为75000元。

（2）现金周转模式确定最佳现金持有量

现金周期是指现金每周转一次所需要的时间。在第三章财务分析中我们了解了营业周期，现金周期不同于营业周期。图4-2

是现金周期与营业周期的示意图。

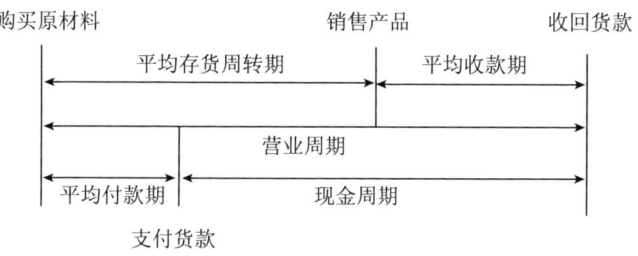

图 4-2　现金周期与营业周期示意图

从图 4-2 可以看出，整个营业周期从购买原材料到销售产品直至收回货款为一完整期间，因此，营业周期由平均存货周转期和平均收款期两部分组成。但由于企业可以赊购，即在购买原材料时可以暂不付款，保留一定的信用期间，因此，这段时间并不需要现金支付。二者之间的关系为：

现金周期 = 营业周期 - 平均付款期

在现金周转模式下，最佳现金持有量的计算过程如下：

第一，确定企业的现金周期。该周期通常根据以往的经验来进行判断。

第二，计算现金周转次数。

现金周转次数（T）= 360 ÷ 现金周转天数

第三，确定最佳现金持有量（M）。

$$M = D \div T$$

其中 D 为企业全年的现金需求量。

好易控公司平均存货周期为 70 天，平均收款期为 60 天，平均付款期为 50 天，预计全年现金需求量为 54000 元。应确定的最佳现金持有量是多少呢？

现金周期 =70+60-50=80（天）

现金周转次数 =360÷80=4.5（次/年）

最佳现金余额 =54000÷4.5=12000（元）

【提示】通常情况下，现金周期模式适用于现金需求确定以及购买、生产和销售稳定的企业。比如从事商品零售和批发的商贸企业等。

4. 做好现金的收支管理

企业进行现金管理是有技巧的，为降低现金管理成本，下述技巧是总经理应该掌握和运用的：

◇力争现金流量同步。尽量使现金流入与现金流出发生的时间趋于一致，使交易性现金余额降到最低水平。

◇加速收款。在不影响未来销售的情况下，尽可能加快现金的收回，减少应收账款的周转时间。具体的操作技巧将在下一章介绍。

◇推迟应付款的支付。在不影响信誉的情况下，充分利用供货方所提供的信用优惠。

三、做好未来的现金流预测

上述对企业现金持有量的分析通常适合于一个稳定的企业，其销售及生产均不会发生大的波动。当公司完成资本的原始积累进入快速发展时期，需要考虑加速扩张乃至上市等问题的时候，就会遇到与超纯公司钱总同样的问题了。在这种情况下，仅仅管理好手中的钱就远远不够了，还需要对未来的现金流进行预测，考虑企业在数年内的现金变化情况，从而选择相应的融资方式，以备发展所需的资金。这时，现金流预测就必不可少了。

企业现金流预测的步骤：

1. 对未来经营状况进行预测

主要包括：

◇预测公司未来的销售收入。根据公司的历史数据和未来发展战略进行预测。

◇预测公司未来的销售成本。根据历史数据和环境变化进行预测。

◇公司未来的销售费用。根据历史数据进行预测。

◇公司未来的所得税。根据预计盈利状况进行预测。

◇公司未来的营运成本。根据历史数据和公司发展战略进行预测。

◇公司未来的固定资产。根据公司的发展战略进行预测。

2. 进行未来的现金流量预测

未来现金流量的预测按表4-3所列示的步骤可以逐步得出。

表 4-3 现金流量预测表

项目	2019 年	2020 年	2021 年	2022 年	2023 年
期初现金余额					
加：销货现金收入					
可供使用现金					
减各项支出：					
生产发生的现金支出					
销售及管理费用					
支付的各项税费					
购建长期资产					
股利					
现金多余或不足					
吸收投资					
借款增加额					
期末现金余额					

【提示】企业迅速扩张或有大的战略计划时，必须进行未来现金流量预测。在预测过程中，主要根据公司的历史财务数据和未来几年的发展战略及市场环境的变化进行粗略估计，其目的是对未来现金流需求进行判断，并不需要预测得十分精确。通过预测，总经理可以了解在新的战略环境下企业现金流可能存在的问题，提前考虑自己的资金筹措方式，避免出现现金短缺，给企业造成灾难性的后果。

四、现金还在"口袋"里吗

前面我们主要从现金持有成本及收入支出的角度,帮助总经理了解如何把握现金持有额度及对企业的长期预测分析。除了现金的总体决策,总经理还需要加强对现金的日常管理,因为现金是最容易被盗用的资产。总经理除了需要算清楚口袋里应该有多少现金,还需要时时关注现金是否还在口袋里。广义的现金,包含库存现金、银行存款与其他符合现金定义的各种票证。其中,库存现金和银行存款是需要总经理特别关注的项目。

1. 现金是最容易被盗用的资产

南通某分公司出纳云某,看着每年经手数千万元的来往款项,不甘心自己每个月只有两千多元的工资。于是从 2011 年开始,以各种科目向总公司申请资金。除公司正常开支外,其他都用于自己花销。2014 年,她将公司的账户绑定到自己个人的一张银行卡,利用转账取现将公司账户上的钱转到自己个人卡上,随便支取。从 2011 年至 2018 年 4 月自首,共侵占单位资金 1000 多万元。

2014 年 5 月,陈某应聘某公司办公室行政人员,后调任出纳。2016 年 5 月,公司委派其收购茶叶,并向茶农支付收购资金。2016 年 6 月 20 日至 8 月 10 日期间,陈某私自截留公司资金 67 万元。后以承诺筹款归还为由离开公司,但之后潜逃外地藏匿,一直未退还该款项。2017 年 1 月投案自首。

现金出纳挪用公司公款的案例时有发生、屡见不鲜。即使罪犯最后被绳之以法,但给公司造成的损失却难以弥补了。纵观各类现金盗窃案件，虽然其具体内容各不相同，但其根本原因却是公司现金管理存在漏洞。如果公司现金管理规范，上述行为很容易被发现。公司现金管理的漏洞主要表现为：对现金、现金支票及存根管理不善，未及时进行记账核对及盘点；企业库存现金大大超过了规定额度，为盗窃现金提供了机会。

2. 现金管理技巧一：遵守现金管理制度

总经理应遵守并贯彻执行我国的现金管理制度，主要内容包括以下四个方面。

（1）严格控制现金的使用和支出

通常情况下，企业可以在下列范围内使用现金：

◇职工工资、津贴，个人劳务报酬；

◇根据国家规定颁发给个人的科学技术、文化艺术、体育等各种奖金；

◇各种劳保、福利费用以及国家规定的对个人的其他支出；

◇向个人收购农副产品和其他物资的价款；

◇出差人员必须随身携带的差旅费；

◇结算起点 1000 元以下的零星支出。

事实上，鉴于现金易被挪用的特点，总经理应当尽量减少现金的使用，能通过银行转账的款项就通过银行转账进行。比如目前越来越多的公司直接将职工工资划到其银行存款账户上，就可以减少现金的周转行为。

此外，为了加强现金管理，企业不得坐支现金。所谓坐支现金，就是直接将现金收入用于现金支出。

（2）企业应核定库存现金的限额

公司一般设定三至五天日常零星开支所需的现金量，边远地区、交通不便地区和开户单位可以保留十五天以下的日常零星开支所需的现金量，尽量避免企业留存过多现金。

（3）管好备用金

备用金是单位内部各部门工作人员用作零星开支、业务采购、差旅费等以现金方式借用的款项。

企业必须建立备用金制度，实行备用金制度有利于各部门工作人员积极灵活地开展业务，从而提高工作效率，但必须做到专款专用，不得挪用和贪污，一经发现严肃处理。

（4）管好现金支票

使用现金支票，不论对外支付款项或补充库存，均需由财务负责人或其指定人员签发。把存根和支票重新粘到一起，在存根和支票处各加盖作废章，放到指定地方保管，定期对支票及存根进行核对。上述销毁未入账现金支票存根的事情就能及时避免了。

3. 现金管理技巧二：定期组织库存现金的盘点

对于库存现金，公司需要登记库存现金日记账（俗称现金流水账），现金盘点就是将现金实存数与账面余额进行核对，以查明账实是否相符及盈亏情况。出纳人员应于每日业务终了时盘点一次，做到日清。企业应定期组织库存现金的盘点，通常包括对已收到但未存入银行的现金、零用金等的盘点。南通某分公司是一个有大量现金收入的公司，公司财务人员挪用公款长达两年才被揭露，如果定期进行现金盘点，贪污行为会及时发现，公司的损失亦会降低到最小。

为了明确经济责任，在盘点库存现金时，出纳人员必须在场。清查过程中应特别注意查明有无挪用库存现金，有无以白条、借条、收据及待报销凭证等充抵库存现金，有无超限额保留库存现金和任意坐支库存现金等违反现金管理制度的现象，以及有无库存现金短缺或溢余的问题等。盘点库存现金的步骤包括：

◇在进行现金盘点前，应由出纳员将现金集中起来存入保险柜。必要时可以加封，然后由出纳员按已办妥现金收付手续的收付款凭证逐笔登账，如企业现金存放部门有两处或两处以上者，应同时进行盘点。

◇由出纳员根据现金日记账结出现金余额。

◇盘点保险柜的现金实存数，同时编制"库存现金盘点报告表"。

◇资产负债表日后进行盘点时，应调整至资产负债表日的金额。

◇盘点金额与现金日记账余额进行核对，如有差异，应查明原因，并做出记录或适当调整。若有冲抵库存现金的借条、未提现支票、未作报销的原始凭证，应在"库存现金盘点报告表"中注明或做出必要的调整。

对于库存现金的盘点结果，要填制"库存现金盘点报告表"，由盘点人和出纳员共同签字或盖章方能生效。库存现金盘点报告表兼有"盘存单"和"实存账存对比表"的作用，是反映现金实有数的原始凭证，可以作为查找账实产生差异的原因和调整账簿记录的重要依据。表4-4是某公司2018年6月30日库存现金盘点报告表。

表 4-4　库存现金盘点报告表

单位：元

实存金额	账存金额	实存和账存对比		备注
		长款	短款	
8437.74	9437.74		1000	员工张亮借条一张，金额为 1000 元

五、加强银行存款的管理

2003年，作为国家某基金委的银行存款被挪用案引起了社会的广泛关注。经检察机关查实，该基金委员会财务局会计卞某，从1995年至2003年间利用职务便利，多次以向有关单位支付退汇重拨项目款为名，分别采取伪造银行信用凭证、电汇凭证、进账单等手段贪污公款1200余万元，采取伪造银行进账单、编造银行对账单和编造支票配售记录等手段，单独或伙同他人将公款2亿余元挪用给他人进行经营活动，涉嫌贪污、挪用公款2亿余元人民币。

长达八年的贪污挪用公款案是如何被发现的呢？2003年2月，为了加强财务管理，该基金委经费管理处新招进一名出纳。该出纳通过核对银行对账单与单位的计算机财务账，发现二者存在2000余万元差额，出纳进一步核实，对2003年1月7日一笔用支票转出的2090万元账目提出了疑问。经核对该支票已由卞某登记为作废支票，出纳要求出示该作废支票，卞某无法出示，当晚出纳将此情况向单位领导做了汇报。长达八年的贪污挪用公款案被揭露出来。

长期以来，该基金委财务局经费管理处由卞某一人同时负责银行存款的会计兼出纳工作,去银行处理账务和登记银行存款日记账及与银行对账等各项任务均由其一人完成。这种财务管理制度显然为贪污挪用公款提供了机会。公司的财务制度必须遵循这样的准则,即会计、出纳的岗位分离和牵制是加强银行存款管理的必要措施。

1. 银行存款管理技巧一:管理好转账支票

管理转账支票,主要包括以下几个要点:

(1)签发支票授权

使用转账支票,应当由经办部门或经办人员持填写借据和结算凭证(包括购货发票、账单、收据等),经财务负责人和总经理(总裁)签字同意后,由出纳开出转账支票。凡不能预先取得结算凭证,需要借用空白支票时,应当填写借据,经财务负责人和总经理(总裁)签字同意后,由经办人员在出纳员处办理借(领)用款手续,并在支票有关栏目填写签发日期、用途和限额之后,方可借出。

(2)专人管理

支票由出纳管理,领取支票需由经办人员填写支票领用单,经总经理审批签字之后,出纳方可签发。未经总经理同意,借用人不得改变支票用途。

公司应建立支票领用簿,凡领用者一律登记签字。

签发支票时,必须详细填写日期、用途、金额(或限额)。不得开空头或远期支票。

支票一经签发要妥善保管,如发生丢失现象,经办人员应立即向财务部报告,并向银行挂失。

（3）支票报销

领取支票后，凭正式发票，并且经总经理审批后，出纳方可办理报销手续。

支票报销越及时越好，以避免拖得太久最后给对账带来困难。相关人员可以要求在开出支票后3日内报销。如实际支出超过限额，回来后应重新补齐手续，报销后的原始凭证应加盖"转账付讫"戳记。

（4）登记银行存款日记账

银行存款日记账与现金日记账是企业进行货币资金管理的重要手段。总经理必须要求财务部门逐日登记银行存款日记账，对每笔支出及时进行登记，这样便于月末与银行对账，及时发现有疑问的款项。

2. 银行存款管理技巧二：每月必须与银行对账

对于银行存款，企业应采用与开户银行核对账目的方法进行管理。即将企业的银行存款日记账与从银行取得的对账单逐笔进行核对，以查明银行存款的收入、付出和结余的记录是否正确。在与银行核对账目之前，企业应当首先仔细检查银行存款日记账的正确性和完整性；然后再将其与银行送来的对账单逐笔进行核对。前述国家某基金委的挪用公款案就是通过与银行对账发现的。

在实际工作中，企业银行存款日记账与银行对账单余额往往会不一致。究其原因有两个：一是双方或某一方记账有错误。对于发生的记账错误，应及时逐笔核对查清并进行更正。但有时即使企业的银行存款管理十分严谨也确实无误，也会发生在月末与银行对账不一致的情况,这是因为存在"未达账项"。

> **知识链接** ● ● ●
>
> "未达账项"是指银行、企业双方由于记账时间不一致而发生的一方已经入账而另一方尚未入账的款项。

未达账项包括以下四种情况:

(1)银行已收入账,企业尚未收款入账

以托收承付业务为例,例如外地某购货单位以汇兑方式支付企业销货款,银行收到汇款后已登记企业存款增加;而企业因未收到相关的汇款凭证而尚未登记银行存款增加。

(2)银行已付入账,企业尚未付款入账

以委托付款业务为例,银行受委托代企业支付水电费,银行已经取得支付水电费的凭证,登记了企业存款的减少;而企业因尚未收到银行支付电费的相关凭证导致尚未登记银行存款减少。

(3)企业已收入账,银行尚未收款入账

例如,企业将销售商品收到的转账支票存入银行,根据银行盖章退回的"进账单"回联已登记银行存款增加;而银行尚未登记入账。

(4)企业已付入账,银行尚未付款入账

例如,企业开出一张转账支票购买办公用品,企业根据支票存根、发货票及入库单等原始凭证,已登记银行存款减少;而银行由于此时尚未收到付款凭证导致未登记减少该企业的银行存款。

上述任何一种情况的发生,都会使企业和银行之间账簿记录不一致。因此，在核对账目时必须注意有无未达账项。如果有未达账项，应编制"银行存款余额调节表"，进行检查核对，如果没有记账错误，调节后双方的账面余额应相等。

编制银行存款余额调节表时，在企业和其开户行各方现有银行存款余额的基础上，采用各自加减未达账项进行调节的方法。用公式表示如下：

企业银行存款日记账余额＋银行已收企业未收款项－银行已付企业未付款项＝银行对账单余额＋企业已收银行未收款项－企业已付银行未付款项

某公司2018年6月30日银行存款日记账的余额是1236500元，银行对账单的余额是1239600元，经过逐笔核对，查明有下列未达账项：

◇6月29日，企业收到天诚公司的转账支票136400元，送存银行，银行尚未入账；

◇6月29日，企业开出转账支票一张，金额97000元，支付购买材料款，当即入账，但持票人尚未到银行办理结算手续，因而银行尚未入账；

◇6月30日，银行已收妥企业委托收款122900元，并已入账，而银行收账通知尚未到达企业，企业尚未入账；

◇6月30日，银行代企业支付水电费80400元，而企业尚未接到银行的付款通知而未入账。

根据以上未达账项，编制"银行存款余额调节表"。如表4-5所示。

表 4-5　银行存款余额调节表

单位：元

项目	金额	项目	金额
银行对账单余额	1239600	企业银行存款日记账余额	1236500
加：企业已收银行未收款	136400	加：银行已收企业未收款	122900
减：企业已付银行未付款	97000	减：银行已付企业未付款	80400
调节后余额	1279000	调节后余额	1279000

在表 4-5 中，经调整后，双方余额相等，说明双方记账相符，调整后余额是企业当时实际可以动用的存款数额。如果调整后双方余额还不相等，则说明记账有错误，应逐项查对予以更正。

张诚与朋友投资 50 万元在中关村成立了一家电子产品生产公司，公司自行研发、设计、生产和销售电子产品。公司前期投入较大，而且产品还未定型，不能向市场进行推广，公司资金比较紧张，几位合伙人压力很大。为节省开支，张诚聘请了一位财务人员，负责现金和银行存款的出纳、记账及向税务部门报税等一系列工作。张诚自己集中精力做产品研发和市场推广工作。

你认为张诚的做法有不妥之处吗？

张诚公司的货币资金管理存在严重的漏洞。在货币资金的管理上，一条基本的规范就是"管钱不管账，管账不管钱"。现金和银行存款的出纳和记账必须分离，如果不分离，很可能出现财务人员贪污挪用公款的情形。这样做虽然表面上看是节省了一个人的工资费用，但却存在隐患，即使是零星金额的贪污挪用，累积起来也是很大的数目。张诚公司必须加强货币资金的管理，避免一年到头白忙一场。

第五章

企业应收账款管理

应收账款虽然是企业的债权,但只有收回来了才能真正成为企业的资产。总经理需要在赊销政策所增加的盈利和成本之间做出权衡。只有通过加强对客户的信用评价,定期核对往来账,灵活运用现金折扣政策,完善对应收账款的财务管理,才能使坏账的发生降到最低。

一、应收账款：收回来了才是资产

2003年，四川长虹被美国APEX诈骗造成巨额应收款难以收回的事件被媒体曝光。2006年，四川长虹起诉APEX，要求其偿还有意拖欠的100多亿元欠款。

2001年9月，长虹与APEX签约合作拟突击美国市场时，长虹已有大量的应收账款，与APEX的合作导致公司年应收账款进一步增加。截至2006年年底，长虹有80%的应收账款都来自APEX。四川长虹为此累计计提了4.8亿美元坏账。境外调查显示，APEX劣迹斑斑，其惯用手法是先通过小额交易建立信誉，然后用赊账的方式与供应商交易，先后拖欠了国内多家DVD制造商的货款。

长虹与APEX公司签约的公司战略思考显然毋庸置疑，即寻找公司进军美国市场的突破点。但战略与风险二者之间应该如何均衡？对于有助于市场开发的赊销行为应该如何决策？长虹对APEX的信用是否进行了充分的事前了解？是否知晓其拖欠国内制造商货款的行为？企业应收账款的风险到底应当如何控制？这些是大公司、小公司都可能面对并需要慎重决策的问题。

1. 应收账款产生原因

随着市场经济的发展和竞争的加剧,信用销售作为一种促销手段,被企业广泛采用。应收账款是指因对外销售产品或提供劳务,应收未收的款项,包括应收销售款、其他应收款、应收票据等。应收账款是企业流动资产的重要组成部分,属于企业的债权。应收账款产生的原因包括:

(1)商业竞争

知识经济时代产品更新加剧,避免商品积压是企业经营中必须关注的问题。许多产品比如IT电子类、服装时尚类如不及时销售出去,日后将变得一文不值。为扩大销售或减少库存,除众为周知的"价格战"外,现金折扣、赊销等也是企业普遍采用的营销方式,从而导致了企业应收账款的形成。

(2)销售和收款的时间差距

除赊销之外,业务发生时间和实际收到货款的时间经常不一致,比如有些供货周期比较长的产品,也会导致应收账款的形成。

2. 应收账款产生的成本

一方面,企业需要满足客户的信用要求以及时将商品销售出去;另一方面,企业要尽量降低应收账款的管理成本,避免应收账款形成坏账的风险。对总经理而言,应收账款真是一个"两难"的问题。企业应收账款管理的目标就是在应收账款信用政策所增加的盈利和成本之间做出权衡。

企业持有应收账款需要付出一定的代价,主要包括机会成本、管理成本、坏账成本。

(1) 机会成本

机会成本是指资金投放在应收账款上而丧失的其他收入。例如，如果企业进行现金销售而不是赊销，收回的货款可以投资有价证券，因而产生利息收入，至少可以存入银行获得一定的利息收入。或者可以用于再次购买商品进行销售等。赊销导致的这些收入的丧失就是应收账款的机会成本。

(2) 管理成本

管理成本主要是对应收账款的日常管理而耗费的开支，主要包括对客户的资信调查费、账簿记录费、收账费用等。通常情况下，企业为收回货款还会发生催账费用，也是一笔不容小觑的支出。

我国国内企业中，往往有一个或几个部门来负责收账，比如销售部、财务部等，或者有些企业专门成立清欠办公室来负责收账。还有企业开始学习西方的信用管理理论，在企业内部建立信用管理部门，全面负责企业因信用销售（赊销）而产生的风险问题。通常信用管理部往往设置应收账款专员，专门负责收账。虽然实践证明将收账的职能独立出来后能显著提高应收账款回收的效率，但也增加了企业应收账款的管理成本。

(3) 坏账成本

坏账成本是应收账款无法收回而给企业带来的损失。这一成本一般与应收账款数量同方向变动，即应收账款越多，坏账成本也越多。前述四川长虹的案例就是巨额的应收账款产生了高额的坏账损失的典型表现。

因此，加强应收账款管理，对提高资金使用率、降低经营风险具有十分重要的意义。

二、应收账款管理之一：是否该延长信用期

秦奋目前碰到一个问题，公司销售部门根据客户要求提出将某产品的信用期从现在的 30 天放宽至 60 天。如果延迟信用期限，预计可使销售量增加 20%，从目前的年销售额 500 万增加到 600 万元。该产品的毛利率为 20%，秦奋公司投资的最低报酬率为 12%，相关资料如表 5-1 所示。

表 5-1 延长信用期限的相关收益成本数据

	30 天	60 天
销售量（件）	100000	120000
销售额（元）（单价 50 元/件）	5000000	6000000
毛利（元）	1000000	1200000
可能发生的收账费用（元）	30000	50000
可能发生的坏账损失（元）	50000	90000

改变信用政策导致收益的增加，主要是销售额增加带来的毛利润增加部分。应收账款的机会成本是指由于应收账款增加导致企业丧失进行其他投资的机会成本，其具体数额就是应收账款总额按公司的投资报酬率计算出的收益值。

收益的增加 = 毛利的增加 = 1200000 - 1000000 = 200000（元）

应收账款占用资金的机会成本的增加：

30 天信用期机会成本 = 5000000 ÷ 360 × 30 × 12% = 50000（元）

60 天信用期机会成本 = 6000000 ÷ 360 × 60 × 12% = 120000（元）

改变信用政策导致应收账款机会成本增加额 = 120000 - 50000
= 70000（元）

收账费用和坏账损失的增加：

$$收账费用增加 = 50000 - 30000 = 20000（元）$$
$$坏账损失增加 = 90000 - 50000 = 40000（元）$$
$$改变信用政策的净损益 = 收益增加 - 成本费用增加$$
$$= 200000 - (70000 + 20000 + 40000)$$
$$= 70000（元）$$

从上面分析可以看出，延长信用期限虽然表面上能增加毛利润 200000 元，综合应收账款的管理成本来看，最终会导致净利润增加 70000 元。显然，秦奋应该改变公司目前的信用政策，采用 60 天的信用销售期限。

三、应收账款管理之二：是否对所有客户赊销

应收账款赊销效果的好坏，依赖于企业的信用政策。真正的赊销风险不在于客户，而在于企业的内部管理。只有制定出一套合理的信用政策，才能防范坏账于未然。比如禁止对信用不好的客户实行赊销，就能大大降低坏账的可能性。企业不能为扩大销售额盲目地对所有客户实施赊销。企业在制定或选择信用标准时应考虑以下因素：

1. 同行业竞争对手的情况

在市场竞争中，企业首先应考虑的是如何在竞争中处于并保持优势地位，保持并不断扩大市场占有率，如果对手很强，企业

就必须采取相对竞争对手来说较低的信用标准；反之，信用标准可以相应严格一些。

2. 企业自身承担客户违约风险的能力

当企业具有较强的抗风险能力时，就可以以较低的信用标准提高竞争力，争取客户，扩大赊销；反之，应选择较高的标准以降低违约的风险程度。

通常情况下，企业应对客户建立信用标准。建立信用标准是企业减少坏账可能性的重要手段之一。

信用标准，是指顾客获得企业的交易信用所应具备的条件，是企业对客户的基本评价。企业通常应当确定一个基准，用来评价客户等级，作为是否给予或者拒绝客户信用的依据。如果顾客达不到信用标准，便不能享受赊销或只能享受较低的信用优惠。设定信用标准，主要是评价客户赖账的可能性，可以通过"五C"系统（见图5-1）来进行：

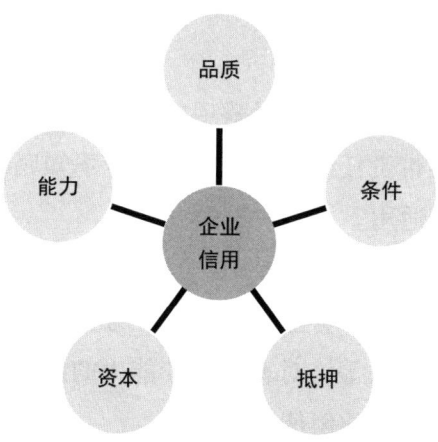

图 5-1　信用评价的"五C"系统

（1）品质（character）

品质指客户的信誉。客户偿债的历史信息和口碑，是评价客户信用的首要因素。企业需要了解客户过去的付款记录，查实其是否有按期如数付款的良好习惯。通常情况下，相互之间经常来往业务且能及时付款的公司，其品质会较高，进行信用销售的风险较小，而对于经常赖账或拖欠货款的企业，则应适当收紧信用条件。

（2）能力（capacity）

能力指客户的实际偿债能力，可以用流动资产的数量和质量以及与流动负债的比例来衡量。客户的流动资产越多、质量越好，其转换现金偿债的能力越强，应付风险的能力越大。当然，盈利能力强的公司偿债能力通常也会强一些。

（3）资本（capital）

资本指客户的财务实力和财务状况，如注册资本、总资产、净资产和所有者权益等，表明客户可能偿债的背景。一般情况下，公司规模越大，偿还债务的可能性越强。对小公司的信用销售则需要更加谨慎。

（4）抵押（collateral）

抵押指如果客户恶意拒付款项或无力偿债时，能被用作抵押的资产或承担连带责任的担保人。这对于不知底细或信用状况有争议的客户尤为适用。

（5）条件（condition）

条件指分析可能影响客户偿债能力的经济环境，如经济衰退、金融风暴、通货膨胀等，对客户偿债能力的影响。这需要了解客户在过去类似环境中的偿债历史。

除上述方法外，也可以采用信用评分法，该法是选择若干财务比率，用线性关系结合起来评价客户的信用水平。该方法首先给出各财务比率的权重，并确定标准比率，然后将客户的实际比率与标准比率比较，评出每项指标的得分，最后求出总评分。根据总评分确定是否给予该客户享受信用优惠。

2009年年底，好易控公司张总面临一个难题：好易控长期为某大型国企提供中控产品和安装调试服务。以往该国企付款均很及时。今年年底新领导上任改变了付款方式，将原来的项目安装调试验收完毕即付清全款的方式，改为按进度审批制付款方式。根据该企业的新规定，项目付款由专人管理，由项目经理申请层层报批，然后由总经理签字后方可付款。这一新的付款规定增加了诸多的审批环节，程序更为烦琐，大大延长了付款周期。付款方式改变后，好易控完工的第一个项目已有9个月之久，但工程款尚有60%未付清。公司自产矩阵的销售量仍然未取得重大突破，工程项目仍然是公司的主要业务来源，而该国企也是公司最大的客户之一。目前该国企又提出签署六个小项目的工程合同。那么到底该不该签署合同呢？

从信用标准来看，按5C系统进行评价，该国企本属于信用等级高的客户，其资本、规模、能力及品质均有良好记录。但新的付款政策制定后，其信用等级则大大降低，是否继续签约是一个需要全面考虑的问题。从好易控公司目前的状况来看，对该客户的依赖程度还非常高，失去这一客户会使企业的营业额受到很大影响。但是，工程完工9个月尚有60%的款项未付清，给公司造成了极大的资金压力。如果后续项目均按如此付款进度进行，公司的现金流必然会十分紧张。该国企已经成为好易控的"鸡肋"客户，的确两难！开拓新的市场，发掘新的客户已成为好易控迫在眉睫的工作。好易控公司必须降低对单一客户的依赖,这样也能使企业的应收账款管理更为理性。

四、应收账款管理之三:定期核对往来账

1. 加强应收账款明细账的管理

诚创公司是一家成立仅两年、规模较小的电子产品生产公司。北京施美特公司与诚创公司有业务来往,施美特公司从诚创公司采购产品进行销售。2018年5月,施美特公司的王会计提出与诚创公司核对往来账。王会计仔细核对了诚创公司发来的往来账,发现诚创公司将一笔3万多的购货款未做登记。王会计汇报总经理后,总经理说不必提醒诚创公司,能少付就少付款,并因此奖励了王会计。

诚创公司由于往来账管理不善,导致3万多元的应收账款未及时登记入账,而总经理却并不知晓。应收账款是企业重要的债权,如果不能进行有效管理就会成为"糊涂账"。这样的错误犯一两次,公司赚取的利润就会被吞噬掉大半,企业盈利又从何谈起呢?

对于应收账款,企业应按照企业的具体债务单位名称开设明细账,对往来金额进行逐笔登记,这对于企业及时收回债权和控制对特定客户的信用销售,均具有一定的参考作用。表5-2是好易控公司与客户黄山公司的往来账。好易控公司按债权单位名称

对应收账款开设明细账。

表 5-2 应收账款明细账——黄山公司（三栏式）

单位：元

2018年		摘要	借方	贷方	借或贷	余额
月	日					
1	1	上年结余			借	6800
	6	销售 AV4*4 矩阵 25 台货款未收	50000		借	56800
	12	销售 AV8*8 矩阵 20 台货款未收	60000		借	116800
	25	收到货款		100000	借	16800
1	31	本期发生额及余额	110000	100000	借	16800

从表 5-2 中总经理可以详细了解到好易控公司对黄山公司的销售及收款明细，企业需要对有往来的所有客户销售及回款情况，分别按公司名称开设并登记明细账，这样，公司的**应收账款总额及其分布**就一目了然了。总经理可以根据各个客户尚未支付的应收账款，及时调整公司的信用政策，加强对应收账款的管理。

2. 定期与客户核对往来账

为保证企业债权的清晰准确，企业应根据业务量大小及时间等因素，对应收账款定期进行核对，并由双方当事人签章，作为有效的对账依据；如发生差错应及时处理。因此，应收账款的核对显得尤为重要。

（1）明确责任归属

大多数企业应收账款的发生都很频繁，涉及的单位也很多，因此在实际工作中，会出现本单位明细账余额与客户单位往来余额对不上的现象。其中一个主要原因是销售部门与财务部门责任不清。应收账款由销售而起，但却由财务部门进行管理。销售部门往往只管将产品销售出去，而不管款项是否能收回，认为收款是财务部门的工作。由于合同、单据、发票等的传递不及时，会导致应收账款登记不及时。明确销售部门与财务部门的工作划分及衔接，是加强应收账款管理的重要保证。

一般对账工作均是由债权单位主动实施。如果债权单位应收账款记录不准确，使得客户以往来账目不清楚为借口拒绝付款或拖延付款，就会给企业造成损失。

（2）加强销售人员对收款的责任

应收账款的对账工作可以由销售人员定期与客户进行，并将收款情况及时反馈给财务部门。营销人员可以按其管理的单位对产品发出、发票开具及货款的回笼进行序时登记，并定期与客户对账，由对方确认账款，从而为及时清收应收账款打好基础。将销售与货款回笼同销售者的业绩结合起来进行考察，能促进公司货款的及时回收，最大限度地减少损失，不失为应收账款较好管理的方法之一。

3. 制定恰当的现金折扣政策

现金折扣是企业为鼓励客户及早付款而采取的一种在总价款上的优惠政策。通常对客户在商品价格上进行扣减，其主要目的是吸引客户为享受优惠而提前付款。其优点在于能缩短企业的平均收款期，也可借此扩大销售量；但缺点是价格折扣会给企业带来一定的损失。

企业采取什么样的现金折扣政策，要结合信用期间来考虑，并分析折扣所带来的收益增量与成本孰高孰低，权衡利弊后确定最佳方案，具体计算方法与确定信用期间的方法和程序一致。

五、追讨债务也不易，谨防坏账

中国平安 2007 年利润大增 107.9%，但 2008 年三季度却爆出了高达 78 亿元的巨亏。其原因仅仅在于计提投资富通的 157 亿元坏账准备。

无论企业多么谨慎，只要采取信用销售，发生坏账的可能性就不可避免。对于总经理来说，了解公司应收账款形成坏账的可能性，对判断公司资产的整体情况是有帮助的。

1. 坏账确认的标准

通常情况下，企业的应收账款如果符合下列两个条件之一，就可以确认为坏账：

◇因债务人破产或死亡，以其破产财产或遗产清偿后，仍然不能收回的债权；

◇债务人逾期未能履行偿债义务超过 3 年，公司董事会经调查后判断确已无法收回的债权。

2. 应收账款账龄分析

对于可能发生的坏账金额，通常可以根据应收账款账龄进行分析。分析时可以采用编制账龄分析表的方法（见表5-3）。

表 5-3 应收账款账龄分析表

应收账款账龄	账户数量	金额	占总额百分率
信用期内			
超过信用期 1～30 天			
超过信用期 31～60 天			
超过信用期 61～90 天			
超过信用期 91～180 天			
超过信用期 181～360 天			
超过信用期 1 年以上			
超过信用期 2 年以上			
超过信用期 3 年以上			
应收账款总额			100%

一般来说，账龄越长，发生坏账的可能性越大。编制账龄分析表的主要作用有两点：

第一，了解公司应收账款的分布情况。确定应收账款管理的重点，据此编制和实施催账计划，并可据此对客户的信用水平进行评价，调整公司的信用政策。

第二，判断各账龄段应收款项产生坏账的可能性。总经理可以根据以前年度，按账龄划分的应收款项组合的实际损失率，结合现时情况，从而针对不同账龄的应收账款确定不同的坏账比率。比如对100天以内的应收账款确定较低的坏账比率，如2%；超过一年在三年之内的确定5%～20%的坏账比率；超过3年等全额确定为坏账。这样，就能对应收账款的真实价值进行全面了解。

总经理需要注意的是，如果公司应收账款出现大幅增长，意味着企业在透支未来，急于完成利润或者投资计划。

应收账款分析应与销售额（销售收入）分析、现金分析（经营活动现金流入）联系起来。应收账款的起点是销售，终点是现金。正常的情况是销售增加引起应收账款增加。现金的存量和经营现金流量也会随之增加。如果企业应收账款日益增加，而销售和现金日益减少，则可能是销售出了比较严重的问题。其结果就是或者企业放宽信用政策，或者随意发货，导致现金收不回来。

六、催账的五大技巧

一旦应收账款已经形成，就应该在加强管理的同时，加大催款力度，尽可能降低资金被客户占用而给企业带来的压力。催账不是个简单的事情，对于总经理而言，既要催回账款，也要与客户保持良好的关系，避免关系恶化，这其中也蕴含了很多的智慧和方法。以下技巧或许对总经理有所帮助。

1. 区分客户性质，催账量体裁衣

企业的客户由于性质不同，催账时采用的策略也应有所不同。

通常，企业的客户可以分为三类：一是比较"体面"需要"仰视"的单位，比如政府部门、事业单位、国有企业等；二是"合作伙伴"，通常是经营比较稳定、有长期往来的企业；三是结识不久的新朋友，比如初次合作或仅合作一两次就欠了账又不急于还款的客户。

2. 调整心态，坚定催欠信心

催欠难，这已经成为了公认的事实。摆正自己的心态更重要。首先，强调公司对欠款户的支持以及付出的代价，确立优势心态。其次，直截了当表明催账目的，打消掉欠款户任何拖、赖、推、躲的思想。不必担心催收太紧会使对方不愉快，影响以后的关系。如果总是不进行催收，不仅永远收不到欠款，而且也不可能保住以后的合作。客户所欠货款越多，支付越困难，越容易转向别的公司进货，所以加紧催收才是上策。

3. 做好欠款的风险等级评估

结合应收账款账龄分析表，按照欠款预定的回收时间及回收的可能性，将货款可以划分为未收款、催收款、准呆账、呆账、死账几类。应当对不同类型的货款，采取不同的催收方法，施以不同的催收力度。

4. 做好催收欠款全面策划

应当依据货款期限的长短、货款金额大小及类型、客户的信誉度、为人情况、资金实力、离公司的远近等因素，做出一个轻重缓急的货款回收计划，全面做好催收欠款策划。

5. 先礼后兵，以德服人

在具体实施催款行动时，要有礼有节，逐步推进，先礼后兵，以德服人。

第一步：感谢信代替催款通知书。首先表达对客户的感谢，通常对于第一类客户比较奏效。比较"体面"需要"仰视"的单位一般更注意形象，感谢信会进一步增强这类客户的"优越感"，付款会主动些。感谢之余将给对方按合同所供应的货物、货款和供货日期等，一一列举，请求对方及时付款。

第二步：催款通知书。经过"感谢"的客户，经多次跟催，货款还是没有动静的，就需要专门发一封"催款通知书"。催款通知书应列明欠款事由、欠款数额、欠款日期、催账经过等。这对第二类客户比较有效。

第三步：律师函。第二个方案行不通的客户，就逐步进入了法律程序。律师函不是正式的起诉，吓唬的成分可能要大于实际意义，且只需耗费不多的费用。对于第三类客户可考虑此种途径。

第四步：起诉。对于前三项努力都失败后的欠款客户，只能采取最后一个办法了。请律师或自己直接起诉，进入司法程序。

需要进行说明的是，每次的催账都要留下证据。比如，外地的客户，要保存好传真或邮递凭证，本地的客户也应当尽量通过邮寄的方式送达。这对于某些欠款数额不明或有争议的欠款，都是一种间接的证据，如果对方对之前发出的催账欠款数额没有异议的，超过一定期限都会被视为默认。对于大部分客户，常用的密集催款法即可奏效；而对于经营不善、有赖账倾向、濒临倒闭的企业，判断要准确，措施要果断，行动要迅速。

七、其他应收款中的秘密

其他应收款与应收账款同为企业的债权，但二者有一些区别。应收账款通常是企业与客户购销往来发生的应收款项，其他应收款主要是企业暂借或预付的款项，比如企业暂借给职工的差旅费、企业预付的租赁抵押金等。作为总经理，你认为二者的金额应该孰大孰小？哪一个对企业资产的影响更大？

显然，你可以轻松判断应收账款的金额通常会更高，对企业资产的影响也更大。但是，其他应收款越来越表现出巨大能量，其金额不容忽视。让我们一起来看看华润三九的案例。表5-4是华润三九资产负债表中的部分数据。

表5-4 华润三九（000999）资产负债表部分内容

年报（万元）	2006-12-31	2005-12-31	2004-12-31	2003-12-31
流动资产：				
货币资金	54667.78	36386.32	64363.1	224629.89
应收票据	46186.74	46558.01	19486.32	35256.44
应收账款	36292.96	40092.33	40773.30	40503.31
坏账准备		0	0	6436.86
预付账款	8765.93	1504.64	5497.94	26262.53
其他应收款	382027.29	388596.14	394039.48	284424.71

续表

年报（万元）	2006-12-31	2005-12-31	2004-12-31	2003-12-31
存货	40727.49	42967.37	32280.03	41201.73
其他流动资产	……	……	……	……
流动资产合计	570257.87	557661.64	557531.78	642535.09

从这张资产负债表中你能发现异常数据吗？

从报表中不难发现，华润三九的其他应收款远远大于应收账款。历年的应收账款为4亿元左右，但其他应收款却高达39亿元左右，是应收账款的10倍。这些款项到底是怎样形成的呢？

2006年12月15日，《第一财经日报》以"大股东占款第一大户三九集团"为题，对华润三九进行了报道。报道节选内容如下：

三九医药是沪、深两市大股东占款第一大户，母公司三九集团未清欠金额高达37.4亿元，大抵相当于三九医药资产总额的一半。

截至2006年年中，"三九系"整体银行债务约103亿元。其中，三九医药债务约为33亿元，原三九生化（000403.SZ）、原三九发展（600614.SH）两公司债务合计21亿元；两家上游控股公司三九集团、深圳三九药业有限公司的债务合计逾33亿元；其余子公司辅业债务约14亿元。

其他应收款被形象地称为"垃圾科目"，成为企业的垃圾堆。通常，企业非法拆借资金、抽逃资本金、担保代偿款和挂账费用等，都被其他应收款"囊括"其中。总经理尤其应关注企业与关联方发生的其他应收款。

目前，大股东资金占用出现从其他应收款中转移到预付账款中的现象，并有配套的业务往来合同，或者通过关联交易的形式，实现由上市公司提款机到控股股东的利益输送，上述形式更加具有迷惑性。因此，其他应收款、预付账款这些通常认为金额不会太高的账户，也是总经理需要关注的，关注这些账户或许能帮助你发现公司的诸多秘密。

第六章

企业存货管理

存货是企业重要的资产,但只有卖出去了才能实现盈利。存货管理是有成本的,总经理需要决定最佳的经济订货量。存货还是容易被盗窃的资产,ABC管理法和定期盘点能有效防止存货的盗用。总经理需要关注期末存货是否发生减值,以准确判断存货的价值。

一、存货：卖出去了才能盈利

百丽是内地鞋履类的龙头，2005—2007年盈利持续增长两倍，成为资本市场的热门股票。2008年百丽大肆扩张，自营零售店由2007年的6090家增加至9169家。百丽2008年存货较2007年增加了近一倍，由22.8亿元增加至42.3亿元，由于流动资产总额未有大变动，存货占流动资产由约25%增加至近44%，但现金却大减，由52.1亿元减少至23.3亿元。而2008年净利润仅上涨1.58%。2008年百丽平均存货周转期为138.1天，较2007年的121.8天有所上升。管理层解释，存货增加是由于早前高估销售量。

百丽存货急增引起外界广泛关注。中金2008年的零售和品牌服装行业报告指出，由于Adidas和Nike的分销渠道库存问题，百丽运动业务面临巨大的库存和折扣压力，对百丽的评级降为中性。

鞋履类企业主要存在两种经营模式：一种是只经营品牌经销商的企业，中国动向、李宁等是典型代表，纯粹经营品牌代理的上游企业，通常早在数季前举行订货会，存货压力相对较小，经济环境变化未必立刻影响到企业，或有一段滞后期间。另一种是主营零售分销业务的企业，百丽属于此类企业。这类企业处于产业链下游，灵活性较低，销售情况一旦不理想，存货便马上囤积，成本亦随即增加。与前类企业相比，更容易出现存货问题，在经济欠佳的情况下,压力尤为明显。存货囤积令人担心销售困难,如需要促销,则可能导致毛利下降。

存货,卖出去了才能盈利!那么到底应该如何管理存货呢?这是总经理需要特别关注的问题。

1. 存货的特征

存货是企业在日常活动中为出售或耗用而储存的各种资产。存货的内容和形态十分广泛,既包括准备销售的自制产成品、外购商品,也包括处在生产过程中的在产品、在生产过程或提供劳务过程中耗用的低值易耗品、材料和物料等。

存货具有三个特点:

◇存货是有形资产,这一点有别于无形资产。

◇存货具有较强的流动性。在企业中,存货经营处于不断销售、耗用、购买或重置中,具有较强的变现能力和明显的流动性。

◇存货具有时效性和发现潜在损失的可能性。在正常的生产经营过程中,存货能够规律地转变成货币资产或其他资产。但长期不能耗用的存货,就可能变成积压物资或降价销售,从而给企业造成损失。

由于存货种类繁杂,总经理需要关注产成品、自制半成品、原材料、在产品和低值易耗品等各类存货的数量是否合适,相互之间的比例关系是否恰当。

2. 存货管理的目标

1998年,戴尔电脑公司的存货管理堪称经典。戴尔一直保持着比个人电脑行业平均水平高好几倍的增长速度,其中一个重要原因就是高效率的存货管理。其存货管理模式被康柏、IBM 和惠普等追随效仿,但这几家公司的存货周转最短也只能达到 4 周,这与戴尔存货周转周期仅为 8 天还相去甚远。当然这也与戴尔的经营模式有关,戴尔通常只做产品的上游——设计环节和下游——销售环节,中间生产环节主要采取外包形式,而当前制造业真正的利润部分在于上游和下游,中间生产环节的利润空间被挤压得非常有限。这样就大大提高了企业的竞争力。

企业究竟应该保持多少存货呢?企业存货管理必须满足两方面的需求:

（1）保证生产或销售的经营需要

通常情况下,即使市场供应量充足,企业也很难做到随时购入生产或销售所需要的各种物资。这不仅因为市场上随时可能会出现某种材料的断档,还因为企业距供货点较远而需要运输及可能出现运输故障。一旦生产或销售所需物资短缺,生产经营将被迫停顿,造成损失。为了避免或减少出现停工待料、停业待货等事故,企业需要存货。

（2）出自价格的考虑

零星采购原材料等物资通常难以取得价格优势,批量购买才能得到比较划算的价格优惠。

但是,如果存货购进过多,往往会占用较大的资金,这就增加了闲置资金,并降低了资金的使用效率,存货占用资金是有成本的,占用资金越多成本越高。此外,大批量采购存货还会导致仓储、保管、维护及管理等费用的增加。因此存储存货是有成本的,且是不容忽视的。

存货管理的目标是要最大限度地降低存货投资上的成本,即以最小的成本提供公司生产经营所需的存货。企业应当在两者之间做出权衡，达到最佳结合。实现存货管理目标的主要方法是确定经济订货批量。

二、合理存货量的确定

郑百文公司是1997年上市的商贸类企业，1998年公司爆出亏损，公司年报显示存货大量积压，1997年末存货达到13亿元，1998年公司存货发生贬值。郑百文存货积压的主要原因在于当时国内的家电价格战。郑百文一直从四川长虹购买彩电向全国销售。随着国内家电价格战愈演愈烈，郑百文前次购买的彩电还未售出，市场彩电价格已经下降，郑百文如果调低彩电价格则意味着亏损，如果不调低价格商品将会积压。这真是进亦难，退亦难！彩电价格战直接导致了郑百文1997年的存货积压。

郑百文公司在存货管理中存在的最大问题就是未对存货采购进行科学有效的财务管理，未制定适合企业的最佳存货进货批量，导致存货管理跟不上市场变化的速度。如果公司存货采购在一个合理范围之内，就可以有效避免这一问题了。这实质上是企业的存货决策问题。

1. 存货决策的主要内容

企业存货的决策涉及四项内容：决定进货项目、选择供应单位、决定进货时间、决定进货批量。

决定进货项目和选择供应单位是销售部门、采购部门和生产部门的职责。财务部门要做的是决定进货时间和决定进货批量（分别用T和Q表示）。经济订货量或经济批量就是使存货的总成本最低的采购量。计算出经济订货量后，就可以计算出最佳进货时间了。

经济订货量是以企业的经济效益为目标，研究订货量的多少与企业费用大小之间存在的各种数量关系，以寻找最佳订货量的一种方法，其目的是使存货总成本最小化。

2. 存货成本

存货管理的成本大体可以分为三类：存货的取得成本、储存成本和缺货成本。

（1）存货的取得成本

存货的取得成本包括存货的订货成本和购置成本。订货成本是指取得订单所需要的必须成本，比如，采购部门的基本开支、采购人员的差旅费等支出；购置成本是指存货的取得价值。这些成本中，一部分与存货订货次数无关，称为固定成本；一部分与存货订货次数直接相关，称为变动成本。假设存货取得成本为TC_a，则可表达为：

1）订货成本

订货成本即取得订单的成本。

$$订货成本 = F' + \frac{A}{Q}F$$

F'：固定成本；F：变动成本；
A：存货年需要量；Q：每次进货量。

其中,F′固定成本与订货次数无关,如采购部门的基本开支。F变动成本则与订货次数紧密相关,如采购人员的差旅费、运输费用等。

2)存货的购置成本

存货的购置成本就是存货本身的价值。

$$购置成本 = AU$$

A:年需要量;U:单价。

存货取得的总成本 $TCa = F' + \dfrac{A}{Q}F + AU$

(2)存货的储存成本

储存成本是为保持存货而发生的成本,包括存货占用资金的机会成本、仓库费用、保管人员的工资和保险费用、存货破损和变质损失等。

$$储存成本 = C' + C\dfrac{Q}{2}$$

同样地,其中C′固定成本与存货数量无关,如仓库费用及保管人员的工资等。C变动成本则与存货储存数量紧密相关,如存货占用资金的机会成本、保险费用、存货破损和变质损失等。

(3)存货的缺货成本

缺货成本是指存货的供应忽然中断了,所造成的生产或销售上的损失。假定缺货成本为S。

存货总成本

存货总成本由上述三部分组成,假设用TC表示总成本,则总成本为:

$$TC = F' + \dfrac{A}{Q}F + AU + C' + C\dfrac{Q}{2} + S$$

3. 存货经济订货量的基本模型

存货决策的最优化，就是使存货成本最小。经济批量规划法因其科学性和合理性在企业存货管理中得到广泛应用。经济批量是指一定时间储存成本和订货成本总和最低的采购批量。存货经济订货量的基本模型如下：

$$Q^* = \sqrt{\frac{2AF}{C}}$$

其中，Q*是每次最佳订货量。在这个公式的基础上，还可以演变出经济订货量基本模型的其他形式，包括每年最佳订货次数 N*：

$$N^* = \sqrt{\frac{AC}{2F}}$$

存货订货总成本 TC（Q*）的计算公式：

$$TC（Q^*）= \sqrt{2AFC}$$

好易控公司每年耗用某种电子芯片 3600 个，该材料单位成本 10 元，单位存储成本为 2 元，一次订货成本 25 元。该公司的最佳订货量、订货次数、存货订货总成本是多少呢？

$$A=3600；F=25；C=2$$

$$Q^* = \sqrt{\frac{2AF}{C}} = \sqrt{\frac{2 \times 3600 \times 25}{2}} = 300（个）$$

$$N^* = \frac{A}{Q^*} = \frac{3600}{300} = 12（次）$$

$$TC（Q^*）= \sqrt{2AFC} = \sqrt{2 \times 3600 \times 25 \times 2} = 600（元）$$

因此，好易控公司该芯片的最佳订货量为每次 300 个芯片，全年最佳订货次数为 12 次，存货订货总成本为 600 元。

【提示】需要注意的是，运用存货经济订货量模型必须满足几个条件：第一，企业能够及时补充存货；第二，存货需求量稳定并且能预测；第三，存货供货稳定，且单价保持不变；第四，所订货一次到位；第五，没有缺货成本；第六，现金充足。如果不具备上述条件，该模型就不能应用。比如，企业根据订单组织生产，在市场不稳定的情况下，全年订单不能取得较准确的预算，就难以采用此方法进行存货采购的管理了。

注意：再订货点（时间）、根据每天货物耗用量和到货时间确定提前订货期（路途）。经济批量订货，只考虑储存成本和订货成本，另外企业采购货物，必须考虑采购成本，"货比三家"。

三、存货发生贬值了吗

郑百文公司1997年盈利7800余万元，1998年年报爆出亏损5个亿。1998年年报中，公司将存货的核算由上市后一直采用的"先进先出法"改为"加权平均法"，致使年末存货金额从1997年底的13亿元下降为3.4亿元。

存货的计价方法对存货价值的认定具有重要影响，存货也是极易发生跌价的项目。通常情况下，企业需要对期末存货的价值进行重新估计，判断是否存在跌价的可能性。

1. 存货计价方法

判断存货是否发生贬值，就需要对取得存货的成本和存货的期末价值进行准确计价。存货在企业内部不停周转，经过购进、发出（包括领用和销售），最终剩余部分留存企业。这一过程中存货的期初期末价值之间存在以下的关系：

期初库存存货成本＋本期购进存货的入库成本＝存货销售成本＋期末库存存货成本

其中，期初库存的存货成本从上期财务数据中可以取得，存货取得的成本亦比较容易确定，但期末存货价值的确定就存在很大的主观性。通常情况下，确定了发出存货（包括领用和销售）的成本就能同时确定期末存货的成本。

（1）存货取得的计价

对于制造业企业而言，企业外购存货成本由采购成本和附带成本（包括包装费、运杂费、运输保险费、合理损耗及入库前挑选整理费等）组成。

对于商品流通企业，采购货物的运费不记入成本，作为销售费用。

（2）发出存货的计价

由于存货实物流转和成本流转通常存在不一致的情况，所以对发出的存货进行计价时通常会对存货实物流转进行假设。常用的存货发出的计价方法有先进先出法、加权平均法、个别计价法、毛利率法等。

1）先进先出法

先进先出法，首先在存货购进时按时间先后顺序逐笔登记其成本和数量，存货发出时假定先购进的存货先发出，这样每发一次存货就能确定其成本,并结出库存存货的成本。表6-1是好易控公司按先进先出法对原材料电路板的登记管理。

表6-1 先进先出法下存货的计价

摘要 (2018/12)	收入			发出			结存		
	数量 (块)	单价 (元)	金额 (元)	数量 (块)	单价 (元)	金额 (元)	数量 (块)	单价 (元)	金额 (元)
期初余额							300	50	15000
10日购进	900	60	54000				300 900	50 60	15000 54000
11日发出				300 500	50 60	15000 30000	400	60	24000
18日购进	600	70	42000				400 600	60 70	24000 42000
20日发出				400 400	60 70	24000 28000	200	70	14000
23日购进	200	80	16000				200 200	70 80	14000 16000
本月发生额及余额	1700	—	112000	1600	—	97000	200 200	70 80	14000 16000

从上表可以看出,先进先出法在每次存货购进、发出时都需要登记数量和成本,而且存货发出时就能确定发出存货的成本,从而推断出库存存货的成本。这种方法与企业存货实物流转较一致,但平时要逐笔登记。在存货购进成本大幅变化的情况下,期末存货的计价容易偏离其真实价值。

2）加权平均法

存货单位成本

$$= \frac{月初结存金额 + \sum(本月各批收货的实际单位成本 \times 各批收货的数量)}{月初结存数量 + 本月各批收货数量之和}$$

本月发出存货成本 = 本月发出存货数量 × 存货单位成本

$$月末库存存货成本 = \frac{15000+54000+42000+16000}{300+900+600+200} = 63.5(元/个)$$

本月发出存货成本 = 1600 × 63.5 = 101600（元）

月末库存存货成本 = 400 × 63.5 = 25400（元）

3）个别计价法

个别计价法是对每个存货单独计价，主要用于贵重的存货，比如船舶制造厂生产的船舶等。

4）毛利率法

毛利率法适用于采用定期盘存制的零售商业企业。通常一年盘点一次存货，月末可按毛利率估计存货价值及销售成本，要求各期毛利率基本一致。

本期商品销售毛利 = 本期商品销售收入 × 上期实际毛利率

本期商品销售成本 = 本期商品销售收入 - 本期商品销售毛利

根据毛利率推算出本期存货销售成本，然后推算出月末库存存货的成本。

2. 期末存货贬值了吗

2008年，云天化系三家上市公司云天化（600096.SH）、云南盐化（002053.SZ）和*ST马龙（600792.SH）自11月10日复牌后连续一周无量跌停。11月8日晚间，三公司同时公布重组预案：

云天化集团下属9家公司。同时,云天化拟定向增发不超过1.3亿股,购买磷化集团100%股权等预估值不超过80亿元资产。一周时间,云天化股价从复牌前的62.00元跌至11月14日收盘的36.78元(复权价)。

云天化跌停的一个重要原因就在于云天化国际68万吨存货带来的巨大风险。云天化的磷肥存货高达90多万吨,且都是采用高价原材料进行生产的,此外还有70万吨高价硫磺。而从2008年4月开始执行的高关税策略,让原本流向国际市场的化肥截留到了国内,使得国内化肥供应由稍微偏紧变成了大量积压。

同期数据显示,硫磺的市场交易价格从2008年8月份的最高点810美元/吨跌至11月初55美元/吨,损失普遍预计至少是在30亿元。而产成品的存货,按照业内一个月至多5万吨的消化速度,也应该还有至少80万吨左右,高库存偏逢惨淡季,磷肥价格也由上半年的4000多元/吨,跌至不足2000元/吨,消耗的压力非常大,潜在损失巨大,云天化国际的存货跌价损失应该在40亿元左右。

行情不好,巨大的存货压力后果是可想而知的。令大股东想不到的是,原来以为市场很好,没想到9个月后这堆资产变得如此廉价,存货至少要消化一两年。要了解企业存货的真实价值,通常采用成本与可变现净值孰低法对期末存货进行计价。

成本与可变现净值孰低法,指对期末存货按照成本与可变现净值两者之中较低者计价的方法。当可变现净值低于成本时,期末存货按可变现净值计价,同时按照成本高于可变现净值的差额计提存货跌价准备。

计提存货跌价准备的主要目的是使存货符合资产的定义。当存货的可变现净值下跌至成本以下时,由此所形成的损失已不符合资产的定义,不能为企业带来未来的经济效益,因此,应将这部分损失从资产价值中抵消。成本与可变现净值孰低法的运用越来越广泛，美国、日本、加拿大等国家都规定，存货应按成本与可变现净值孰低法计价。企业在中期期末或年度终了，对存货进行全面清查，如由于存货遭受毁损、全部或部分陈旧过时或销售价格低于成本等原因，使存货成本不可收回的，应提取存货跌价损失准备。

对于存货期末成本与可变现净值的比较，可以采用单项比较法、分类比较法和总额比较法进行比较。表6-2是好易控公司原材料类存货和产成品类存货期末比较的过程。

表6-2 好易控公司存货成本与可变现净值的比较表

单位：万元

名称	成本	可变现净值	单项比较法	分类比较法	总额比较法
材料类存货： 甲 乙	64000 60000	60000 62000	60000 60000		
小计	124000	122000	120000	122000	
商品类存货： 丙 丁	120000 144000	124800 156000	120000 144000		
小计	264000	280800	264000	264000	
合计	388000	402800	384000	386000	388000

单项比较法下，将各类、各项存货逐项比较其成本与可变现净值，取其较低者为期末价值。由此可知，好易控公司估计存货可能发生贬值的金额为4000（388000-384000）万元。应据此提存货跌价准备。

存货跌价准备。

分类比较法下，将存货按材料和商品两大类进行总量比较，取其成本与可变现净值较低者为期末价值。由此可知，好易控公司估计存货可能发生贬值的金额为2000（388000-386000）万元。应据此提存货跌价准备。

总额比较法下，对存货不分类别进行总量估计，好易控公司存货成本与可变现净值总额相等，则估计不发生贬值，可不提存货跌价准备。

显然，对存货期末是否发生减值进行估计时，分类越细对存货价值的判断越准确，也更能帮助总经理了解企业存货真实的状况。

四、存货还在仓库里吗

北京某公司是生产、销售集中控制系统的公司，公司总部在北京，生产基地在武汉，并在上海、深圳、西安等地均设有销售分部。各分部根据销售合同通过总公司从武汉调货，产品出现质量问题则退回武汉基地返修。上海销售分部是公司销售额最大的部门之一。2008年底由于一场经济纠纷使上海销售分部卷入诉讼，上海公司的经理及销售人员也遭到调查。上海销售部门人员居住的公寓由公司提供并支付租金。在对销售人员的调查中发现，公司的一些产品被销售人员搬回到自己的住处，这些中控系统每套市场价值在1万元以上。公司仓库的库存商品与账面余额早已不符。

存货是企业重要的资产，也是非常容易被盗窃和挪用的资产，因此存货较容易变现。施美特公司存在的最大问题是对存货的入库与出库未进行严格的管理，导致存货被盗窃。"家贼难防"！企业必须加强存货管理，以确保资产不被侵害。存货管理需要从实物和账面两个方面着手。

1.ABC 分类管理法

ABC 分类管理法又称为重点管理法。其基本思想是按照库存货物的品种和占用资金的多少，将企业的全部存货分为 A、B、C 三类。A 类存货指特别重要的存货，这些存货品种少，而单位价值却较大。实务中，这类存货的品种数大约只占全部存货总品种数的 10% 左右，而从一定期间出库的金额看，这类存货出库的金额大约要占到全部存货出库总金额的 70% 左右。属于 C 类的是为数众多的低值易耗品等项目，其特点是，从品种数量来看，这类存货的品种数大约要占到全部存货总品种数的 70% 左右，而从一定期间出库的金额看，这类存货出库的金额大约只占全部存货出库总金额的 10% 左右。B 类存货则介于这两者之间，从品种数和出库金额看，大约都只占全部存货总数的 20% 左右。ABC 分类管理法针对这三种不同等级的存货分别进行管理和控制：对金额高的 A 类物资，作为重点加强管理与控制；B 类物质按照通常的方法进行管理和控制；C 类物资品种数量繁多，但价值不大，可以采用最简便的方法加以管理和控制。

对于企业 ABC 三类存货，由于各类存货的重要程度不同，采用的控制方法也不应相同。

（1）A 类存货严密监控

对于 A 类存货要计算每个项目的经济订货量和订货点，A 类物品应在不发生缺货条件下尽可能减少库存，实行小批量订货，尽可能适当增加订购次数，以减少存货积压，目的在于减少存储费用和存货的资金占用；同时，还可以为该类存货分别设置永续盘存卡片，每月进行盘点，以加强日常控制，避免盗窃行为的发生。

（2）B类存货定期检查

对于B类存货也需要事先计算各类存货的经济订货量和订货点，同时设置永续盘存卡片来反映库存动态，但要求不必像A类那样严格，只要定期进行概括性的检查就可以了，以节省存储和管理成本。通常需要半年盘点一次。

（3）C类存货总量控制

对于C类存货，由于数量较多，且单价较低，存货成本也相对较低，因此，可以适当增加每次订货数量，减少全年的订货次数，对这类物资日常的控制方法，一般可以采用一些较为简化的方法进行管理。比如"双箱法"。

"双箱法"是将某项库存物资分装两个货箱，第一箱的库存量是达到订货点的耗用量，当第一箱用完时，就必须马上提出订货申请，以补充生产中已经领用和将要领用的部分。

2. 存货账面盘存制度

对于企业的存货，要定期进行盘点以判断其账面数和实存数是否一致。存货有两种账面盘存制度：永续盘存制和实地盘存制。

（1）永续盘存制

永续盘存制亦称账面盘存制，是指企业平时在经济业务发生后，及时对各项财产的增加数和减少数在有关账簿记录中进行连续登记，并随时在账簿上结算出各种财产账面结存数额的一种方法。在实务处理过程中，当收入和发出某项财产时，会计人员应根据有关会计凭证，及时将收入数和发出数（包括收入数量和金额及发出数量和金额）登记在相应的明细账簿的收入栏和发出栏，并将收入与发出所引起的该项财产的结存数额及时结出，登记在账簿的结存栏内。

好易控公司20×8年5月80C51号单片机处理器期初结存数额为40片，材料单价为15元/片。该月份发生下列收入、发出材料业务：3日，购进入库200片，实际成本为3000元；5日，生产领用120片，实际成本为1800元；9日，购进入库300片，实际成本为4500元；12日，生产领用120片，实际成本为1800元；15日，生产领用240片，实际成本为3600元；23日，购进入库100千克，实际成本为1500元。

按照永续盘存制的方法，该项材料在明细账上的收入、发出和结存情况的记录如表6-3所示。

表6-3 原材料明细分类账（永续盘存制）

材料名称：芯片80C51

20×8		摘要	收入			发出			结存		
月	日		数量（片）	单价（元）	金额（元）	数量（片）	单价（元）	金额（元）	数量（片）	单价（元）	金额（元）
5	1	期初余额							40	15	600
	3	购入	200	15	3000				240	15	3600
	5	发出				120	15	1800	120	15	1800
	9	购入	300	15	4500				420	15	6300
	12	发出				120	15	1800	300	15	4500
	15	发出				240	15	3600	60	15	900

续表

20×8		摘要	收入			发出			结存		
月	日		数量（片）	单价（元）	金额（元）	数量（片）	单价（元）	金额（元）	数量（片）	单价（元）	金额（元）
	23	购入	100	15	1500				160	15	2400
5	31	本月合计	600	15	9000	480	15	7200	160	15	2400

采用永续盘存制，财产物资的每次购进和发出都有严格的手续，可以随时通过账面记录反映和掌握各项财产的增减和结存状况，有利于加强对财产的管理；缺点是财产的明细分类核算工作量较大，特别是对财产品种复杂、繁多的企业。由于管理不善或财产物资保管的问题等诸多原因，在永续盘存制下也可能发生账实不符的情况，因此仍需对财产进行清查盘点，以查明是否存在账实不符的情况。

（2）实地盘存制

实地盘存制亦称定期盘存制，是指通过定期对实物的清查，来确定各项财产的期末结存数量，从而计算出发出数量和金额以及结存金额的一种方法。在实地盘存制下，对于某一会计期间财产物资的增减变动，会计人员平时只根据会计凭证在有关账簿中逐笔登记增加数（包括增加数量和金额），不登记减少数。到月末，以实地盘点的财产实存数量作为期末账面结存数量，计算结余金额作为账存金额，然后倒挤出财产物资的当期减少数（盘存计耗或盘存计销），并据以在有关账簿中进行登记。因此，准确盘点计算会计期末各项财产物资的实存数量和金额，是计算、确定本月财产减少数的依据。

在上述好易控案例中，假定好易控公司5月末实地盘点

80C51号单片机处理器的结存数量为150片,每片单价为15元,共计2250元。按照实地盘存制,该月80C51号单片机处理器的存货记录如表6-4所示。

表6-4 原材料明细分类账(实地盘存制)

材料名称:芯片80C51

20×8		摘要	收入			发出			结存		
月	日		数量(片)	单价(元)	金额(元)	数量(片)	单价(元)	金额(元)	数量(片)	单价(元)	金额(元)
5	1	期初余额							40	15	600
	3	购入	200	15	3000				240	15	3600
	9	购入	300	15	4500				420	15	6300
	23	购入	100	15	1500						
	31					490	15	7350			
5	31	本月合计	600	15	9000	490	15	7350	150	15	2250

采用实地盘存制,平时不登记减少数,简化了日常会计记录和核算工作;但是不能及时反映各项财产的发出和结存情况。

探究·思考

两种盘存制度的优缺点何在?分别适合哪些企业?
"以存计耗""以存计销"指的是哪种盘存制度?

从上述案例中可以看到,永续盘存制下存货期末结存为160片,而实地盘存制下通过期末盘点得知期末存货仅结存150片,对于短缺的10片存货无法追究相关的责任人,导致存货容易被挪用。

而且，实地盘存制下由于以存计销或以存计耗，倒挤销售成本或耗用成本，这就有可能将一些库存财产物资损耗、差错、损失和短缺等挤入销售成本或耗用成本，掩盖财产管理上存在的问题，并影响成本计算的明晰性和正确性。

由于实地盘存制存在以上缺点，所以它的适用范围很小，一般适用于商业企业的品种多、价值低、交易频繁的商品，以及数量不稳定、损耗大且难以控制的鲜活商品等（比如食材等）采用实地盘存制进行核算管理和清查。在工业企业的财产物资核算中，很少采用实地盘存制。一般情况下企业应采用永续盘存制，对各项财产物资既设置明细账，存货入库和出库时都需要严格记录其数量并由相关人员签字，登记存货收发和结存数额，又要定期通过实物盘点，确定其实存数额，并将实存数与账面结存相核对，以便做到账实相符，以利于加强会计监督。

3. 存货清查

存货清查通常也称为存货盘点，是了解企业存货实存数与账面数是否一致的重要手段。也是企业财产清查的主要内容之一。企业在年末时通常需要对各种存货，如材料、半成品、产成品、外购商品等进行全面清查。对实物财产的清查应从数量和质量两方面进行，即检查数量是否与账簿记录一致，质量是否符合相应的要求。为了明确经济责任，在进行存货盘点时，有关财产物资保管人员必须在场，并参加盘点工作。具体清查程序如下：

（1）清点实物

清查人员可采用实地盘点法对实物进行点数、过秤或度量，来确定其实存数量。在清查过程中应当注意的事项有：对于各种库存材料、产成品，应注意核对其品名、数量是否与标签标明的内容相一致，有无名不符实或毁损变质的情况；对于在产品、半成品，除清点数量外，同时还要注意其配套性和完工程度等；对委托加工的外存实物、在途实物的清查，可采用与外单位核对的方法，查明账实是否相符；对固定资产的清查，应着重检查使用情况、磨损情况、有无毁损和丢失、折旧的提取情况。清查后，要加强实物的管理，防止前清后乱。

（2）登记盘存表

清点实物后，应将清点结果记入盘存单中，并由盘点人员和实物保管人员签字、盖章。对各项财产物资的盘点结果，应逐一如实地登记在事前准备盘存单上，并由参加盘点的人员和实物保管人员同时签章生效。盘存单是反映清查日实物的实有数量和质量情况、记录各项财产物资实存数盘点的书面证明，也是财产清查工作的原始凭证之一。盘存单中各项实物的类别、编号、名称、规格和计量单位等，必须与会计账簿记录中所采用的相一致，以便与账面资料进行核对。好易控公司 20×8 年 5 月 31 日原材料盘存单如表 6-5 所示。

表 6-5　盘存单

编号	名称	规格型号	计量单位	数量	单价（元）	金额（元）	备注
121101	芯片	80C51	片	150	15	2250	
121103	芯片	80C54	片	100	20	2000	

续表

编号	名称	规格型号	计量单位	数量	单价（元）	金额（元）	备注
121104	芯片	AD0809	片	38	75	2850	
121105	芯片	AD0813	片	21	115	2415	

"盘存单"的"数量"栏，应在清查时如实填写。"单价"栏，一般按有明细账记录的单价填写；如果是账外财产物资，单价无据可查，可以按同类或类似资产的市场价格或估计价格填写；如果该项财产物资是残旧物品或已变质、毁损，则应按质论价，确定单价。"金额"栏是根据实有数量和单价进行计算填列的。"备注"栏内应注明储备不足或超储、积压、呆滞、不配套以及质量等情况。

（3）编制实存账存对比表

为了进一步查明盘点结果与账面结存余额是否一致，确定盘盈、盘亏情况，还要根据"盘存单"和有关账簿记录，填制"实存账存对比表"（也称"盘点盈亏报告表"）。通过对比，确定各种实物资产的实存数与账存数之间的差异，用以调整账簿记录，分析产生差异的原因，明确经济责任。其一般格式如表6-6所示。

表6-6 实存账存对比表

名称	规格型号	计量单位	单价（元）	实存		账存		实存与账存对比				备注
				数量	金额（元）	数量	金额（元）	盘盈		盘亏		
								数量	金额（元）	数量	金额（元）	
芯片	AD0809 AD0813	片	75 115	38 21	2850 2415	40 20	3000 2300	1	115	2	150	保管员责任计量误差
合计								1	115	2	150	

五、巧妙判断存货舞弊

埃迪（Eddie）公司是美国的一家电器消费零售公司，1970年公司市值超过5亿美元，拥有43家销售分店，销售额达到3.5亿美元，财务报表税前净收益为2100万美元。电器消费是周期性和竞争性很强的行业，当其他电器消费行业不景气时，埃迪公司似乎逆行业趋势仍在增长，但这只是假象。1989年底，该公司申请破产，清理资产后投资者蒙受了巨大的损失。

监管部门调查发现该公司存在着严重的财务舞弊，其中包括一项存货高估了650万美元。由此引发了一系列范围广泛的法律诉讼，其中包括对首席执行官（CEO）的指控，他被控犯有欺诈罪而被判入狱。

这起案件自然地引发了一个问题，即为什么审计人员未能在年度审计中发现舞弊。审计人员的解释是公司高管及财务人员均参与舞弊，对于这种精心策划的舞弊是很难发现的。为应付审计人员，该公司的做法是，在期末审计人员到达盘点现场前，将存货从一个分店迅速运至另一个分店。此外，为掩盖各处存货短缺的事实，公司还销毁了大量的会计记录。

在进行财务分析时，要关注企业的存货是否正常，如果存在异常现象，则要进一步关注是否出现存货舞弊的现象。具体分析时应注意：

1. 关注存货项目的明细资料

应关注构成存货的产成品、自制半成品、原材料、在产品和低值易耗品之间的比例关系。各类存货的明细资料以及存货重大变动的解释，在报表附注中应有披露。正常的情况下，它们之间存在某种比例关系，如果产成品大量增加，其他项目减少，很可能是由于销售不畅，放慢了生产节奏。此时，总的存货金额可能并没有显著变动，甚至尚未引起存货周转率的显著变化。因此，在分析时既要重点关注变化大的项目，也不能完全忽视变化不大的项目，其内部可能隐藏着重要问题。

2. 判断存货总量是否合适

存货中的在产品或者产成品大幅增加时，应当首先判断固定资产是否有大幅投资增长，或者增设了匹配数量的分支机构，并且营业收入也会有大幅的增长，如果不是上述状况，那么可能存在存货积压。存货积压如果超过了正常需求的储备，其导致的财务后果是：毁损、仓储费用和跌价风险上升，增加存货持有成本，降低企业资产获利能力（存货周转率下降），同时加大了企业未来的资金压力。为了弥补流动资金的积压，就会增加贷款，结果导致发生刚性较强的财务费用支出。

3. 关注存货跌价准备

前面讲到，通过存货期末的成本与可变现净值孰低法对存货期末估价，可以帮助总经理更好判断企业存货的真实价值。但估价具有较强的人为主观因素，且存货跌价准备最终作为一项费用会导致企业利润的减少。因此，存货跌价准备也提供了一定的利润操作空间。顾雏军与科龙电器案是典型案例。

2001年科龙电器年报显示亏损15.55亿元人民币，2002年顾雏军入主科龙，立刻点石成金、化腐朽为神奇，公司实现扭亏为盈，公司报表显示盈利1个亿。郎咸平的分析团队对科龙的财务报告分析后发现，科龙扭亏为盈的秘密就是大量运用需要人为判断的各类资产减持准备。在2001年拟报亏损当年提取巨额存货减值准备等各类准备6.35亿元，在亏损当年"一次亏个够"，为以后盈利打下了基础。在2002年再次利用期末计价将上年提取的减值准备大量冲回，实际冲回3.5亿元人民币，实现2002年的扭亏为盈。如果没有这上一年多提本年冲回的3.5亿元减值准备，科龙2002年将实际亏损2.5亿元。

【提示】通常情况下，企业存货在资产中的比重、存货内部各项目的构成、企业的销售成本率以及存货跌价准备，从长期来看，都应该具备稳定的趋势。如果某年度发生异常变化和波动，总经理需要关注公司是否有重大战略调整或规划等；如果没有，就需要怀疑是否存在存货舞弊的嫌疑了。

第七章

企业成本控制

降低成本和费用就意味着提升公司利润。成本、费用、支出三个概念并不相同,控制料、工、费才能使企业成本降下来,各项目分解得越细,成本控制措施才越有效。期间费用也吞噬了公司不少利润,费用的预算和执行必不可缺!

一、成本、费用、支出：含义各不相同

秦奋在公司的年终总结上向员工报告了下一年公司的发展战略，准备从三方面扩大公司的规模和市场占有率：一是加大对现有产品的推广营销工作，准备在几个一线城市召开产品发布会；二是抓紧研究新产品，拟高薪聘用数名高水平研发人员；三是加快设备的更新配套工作。秦奋感叹说：这样一来，我们的成本就高啦！公司的利润就要降低啦！控制成本将是我们下一年的重要任务！

秦奋的规划非常振奋人心，但公司下一年发展战略的实施会导致成本上升吗？产品推广营销费用、研发人员工资和新设备购进都属于成本项目吗？仔细推敲起来，秦奋的话里面存在不少错误呢！因为成本、费用、支出是三个不同的概念。这几项支出并不都直接导致成本增加。让我们再看另一个熟悉的情景。

电力、自来水等垄断行业的产品一般都由政府制定价格，通常采用"成本加成"模式，即在垄断企业的成本基础上增加部分利润空间（如15%～20%）。因此垄断企业的成本是其价格制定的重要依据。多年来政府与垄断企业的博弈最终还是以水费、电费涨价告终，由消费者买单。电力、自来水企业的成本真实吗？

一份对某地自来水公司的财务分析发现，该公司将管理人员的工资和薪酬都计入成本。垄断行业员工高平均工资、高隐性收入、高福利已是众所周知的事实。尽管石油、电力、电信、烟草等垄断行业的员工不到全国职工人数的8%，却相当于全国职工工资总额的60%左右——这还不包括垄断行业内部形形色色的灰色收入。如果再加上工资以外收入和职工福利待遇上的差异，实际收入差距可能更大。这些支出都属于成本吗？消费者该为垄断行业员工的高工资买单吗？

在成本加成的价格制定模式下，产品的成本是制定价格的重要依据。但成本、费用、支出是三个不同的概念。比如，企业员工的工资和薪酬支出并不都应该计入成本。作为总经理，弄清成本、费用和支出三个概念的内涵和区别实在很有必要。

1.支出、费用、成本概念辨析

支出、费用、成本是我们经常挂在口头上的名词，但准确地说，三者的内涵和外延并不相同。我们可以通过图7-1对三个概念做出清晰的解释。

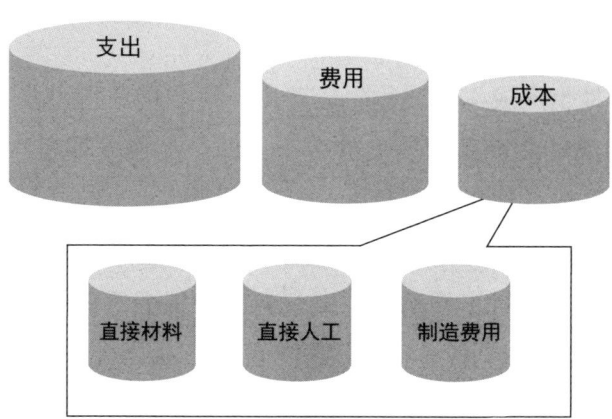

图7-1 支出、费用和成本概念的差异

（1）支出

从广义的角度来看，企业所有资金的流出都称为支出。企业的支出种类繁多，既包括企业在生产经营过程中为获得另一项资产发生的支出，比如为购买原材料而支付的货款，为购买办公用品发生的零星支出，支付给员工的工资，预付的房租和销售场地的租赁费等；也包括企业为清偿债务所发生的各类资产的流出，如偿还银行借款，支付欠供应商的货款，支付股利所发生的资产的流出；还包括投资行为的各类支出，如为购置设备等固定资产、支付长期工程费用所发生的支出等。

前述的秦奋公司为下一年度的产品推广营销费用、研发人员工资和新设备购进都属于支出；电力、自来水公司的员工薪酬也是企业支出。支出具有最广泛的内涵和外延。但从图7-1也可以看出，支出并不等于费用，更不等于成本。

（2）费用

费用，准确地说，是指企业在日常活动中发生的会导致净资产减少的、与向所有者分配利润无关的经济利益的总流出。因此，导致企业净资产减少是费用的重要特征。费用按照其经济用途可以分为两大类：

一类是生产成本，或称生产费用。生产费用指企业为生产一定种类和数量的产品所发生的费用，即产品成本项目直接材料、直接人工和制造费用的总和。

另一类是期间费用。期间费用是与产品生产无直接相关的非生产费用，发生时不能明确判定应归属于某个特定产品，且与产品的生产管理无直接关系。因此期间费用不计入产品生产成本，而是直接计入发生当期损益。期间费用具体包括管理费用、财务费用和销售费用。具体请结合第二章利润表一起阅读。

秦奋公司的产品推广营销费用和研发人员工资都会形成企业下一年的费用，因为会导致净资产减少。但购买新设备则不是费用，因为新设备会使企业的资产增加，净资产并不会因此减少。

电力、自来水公司的员工薪酬都是费用，但并不都是成本。其中，只有车间工人及管理人员的工资及薪酬属于成本。企业管理人员的工资薪酬均不属于成本项目，属于期间费用。如果将期间费用计入成本，则会导致虚增企业成本、掩盖管理不善、人浮于事的事实。这也是垄断企业的通病。

费用分为生产性费用和非生产性费用，生产性费用构成成本，非生产性费用反映企业的管理水平。这种分类能清晰地了解企业成本高低和管理效率，有利于企业进行成本分析，加强成本管理和成本控制。

（3）成本

说起成本，一定是具体到某种产品。成本是定价的依据，商店里的商品价格各不相同。比如皮鞋，男鞋和女鞋的销售价格不一样，其根本原因是男鞋与女鞋的成本不一样。因此泛泛地说成本是不确切的，总经理需要了解自己企业各种产品的成本。

成本是指生产活动中所使用的生产要素的价格，成本也称生产费用。生产性费用按用途进行分类，实质上就是三大类：料、工、费。"料"是直接用于产品生产的材料费用，"工"是直接生产产品的工人工资，"费"是因组织和管理生产经营活动而发生的各项支出。生产性费用最终都形成成本。

1）直接材料

直接材料指企业在生产过程中实际消耗的直接材料、辅助材料、设备配件、外购半成品、燃料、动力、包装物、低值易耗品以及其他直接材料和电力、蒸气等动力。

2）直接人工

直接人工指企业直接从事产品生产人员的工资、奖金、津贴、补贴和各种福利费等。这里不包括车间管理人员的薪酬费用。

【提示】直接人工费用是指直接从事产品生产人员，即一线工人及生产管理人员产生的各项相关费用。直接材料和直接人工发生时通常都能确认到某种产品上去，因此称为直接费用，发生时直接计入某产品成本。比如生产女鞋领用的皮革和生产工人的薪酬均能直接确认。

3）制造费用

制造费用指为生产产品和提供劳务而发生的间接费用，如车间、分厂管理人员、技术人员的工资及福利费，车间使用的固定资产折旧费和修理费、办公费、水电费、机物料消耗、劳动保护费，季节性停工损失、修理期间的停工损失等。

【提示】制造费用通常与几种产品的生产有关。比如制鞋车间的设备既可用于男鞋的皮革的切割，也可用于女鞋的皮革的切割。车间管理人员同时对男鞋和女鞋的生产进行管理，因此车间管理费用就与该车间生产的所有产品均有关。这些费用虽然与产品生产有关，但发生时并不能直接确定各种产品应承担多少比例，因此需要在月末时按一定标准在几种产品之间进行分配。这种费用通常也称为间接费用。

【小结】企业资金的流出都是支出，支出分为收益性支出和资本性支出，资本性支出形成企业的资产（如买设备），收益性支出才是费用。企业的费用分为两类：生产性费用和非生产性费用。生产性费用才是成本，包括料、工、费；非生产性费用不构成成本，是企业的期间费用，包括管理费用、销售费用和财务费用。准确区分支出、费用和成本的概念是进行成本管理的前提。

2. 划清支出与费用、费用与成本的界限

弄清支出、费用和成本的概念，有利于帮助总经理划清支出与费用、费用与成本的界限。在进行成本计算时，凡是与产品生产有关，应当从当期产品销售收入中得到补偿的生产费用，才能计入产品成本。我们可以通过图7-2看企业的成本结构。

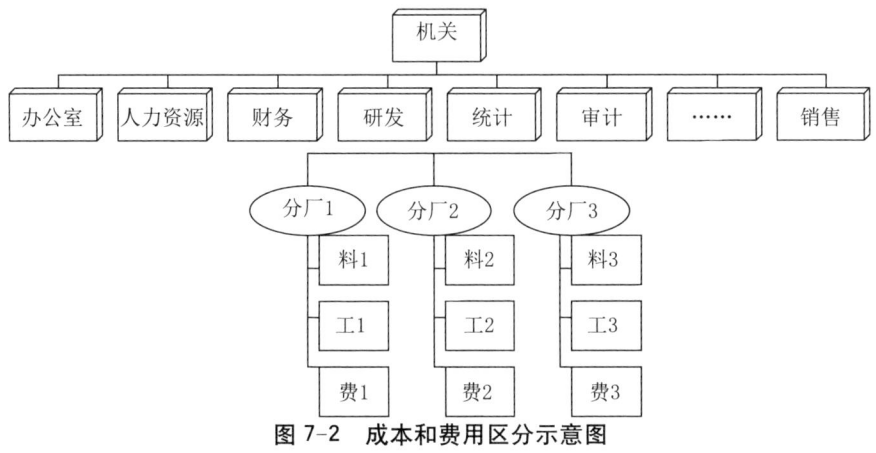

图 7-2　成本和费用区分示意图

从企业的组织结构来看，图7-2中上半部分的机关即企业行政管理部门的各项支出都不构成成本，形成期间费用；下半部分的三个分厂的各项支出则构成成本。

成本与生产费用的经济内容一致。一般地说，成本计算期应与产品的生产周期相一致，但这要取决于企业生产组织的特点。进行成本计算的意义主要体现在以下方面：

一方面，有利于核算与监督生产费用的发生和分配，包括：

◇核算与监督产品生产的品种、数量和质量；

◇计算产品成本，考核生产资金定额和成本计划的执行情况；

◇反映生产过程中的问题，总结经验，促使企业不断降低生产成本，提高经济效益。

另一方面，将企业在生产过程中所发生的各种费用，按各种不同对象进行归集和分配，借以确定各该对象的总成本和单位成本。

◇可以取得产品的实际成本资料，据以确定实际成本与计划成本的差异；

◇分析成本升降原因，挖掘降低成本潜力，可以有效地控制各项费用支出，达到预期的成本目标；

◇为成本预测、规划下期成本目标以及制定产品价格提供参考资料。

二、了解成本的计算步骤

1. 企业生产三过程

企业生产产品的过程就是生产者利用劳动手段对劳动对象进行加工，制造出社会所需产品的过程。它由原材料的采购过程、产品制造过程和产品销售过程三部分组成。

（1）原材料的采购过程

采购过程又称为供应过程或生产储备过程。在该过程中，企业需要不断地动用货币资金购买各种生产原料或赊购原料、建立生产储备，并及时与供货单位结算货款及各项采购费用。所以，确定最佳经济订货量和订货时点、支付购货款及采购费用，正确计算和确定各种材料的采购成本，是企业供应过程中的主要经济业务和财务管理内容。

（2）产品的制造过程

产品的制造过程为产品的生产过程，其财务管理的重点在于正确计算产品的生产成本。包括归集发生的产品制造过程的各项制造费用和分配产品制造费用至各加工产品的生产成本两个环节。其具体环节包括：

◇产品制造过程中，生产工人首先借助于劳动手段对各种原材料进行加工形成材料的耗费，即"直接材料"。

◇生产过程还要支付人工费用，即"直接人工"。

◇归集发生的间接生产费用如固定资产折旧费、车间管理费等，即"制造费用"。

生产过程中发生的材料费用、人工费用、固定资产磨损费用以及为管理生产过程而发生的其他必需的费用统称为"生产费用"。

◇将生产费用按产品进行分配，计算完工产品和未完工产品的生产成本。

整个产品的生产过程中，企业的材料资金、货币资金及有关财产资金首先转化为在产品资金形式，产品生产完工后再转化为产品资金形式。

（3）产品的销售过程

产品的销售过程，即企业出售产成品，并按照销售价格与购货单位办理货款结算，收回销货款，形成销售过程的主要经济业务。因此，制定销售价格、催收应收账款、确认销售费用、计算销售税金、确定销售成果，是销售过程主要的经济业务和财务管理内容。销售过程使企业的资金从产成品资金形式转化为货币资金形式，又回到了生产经营过程的起点，使生产经营完成了一次循环。

销售价格的制定必须以产品成本为前提，因此总经理需要了解企业产品的成本计算步骤。

2. 成本计算步骤

好易控公司的主要产品是 AV 矩阵（以下简称"A"）和 RGB 矩阵（以下简称"B"）。公司通常按订货单来组织生产，并保留少量库存。总经理通常直接按材料价格的三倍作为产品的销售价格。其价格制定得是否合理呢？企业的利润空间有多大？下面我们来看看好易控公司的两种产品的成本究竟是多少？

（1）确定材料费用

生产部从仓库领用甲、乙、丙材料各一批，价值 55000 元，其中用于生产 A 产品的材料共计 30400 元，用于生产 B 的材料成本为 19200 元，另外车间领用维修用材料 5000 元，管理部门领用维修用材料 400 元。

●●●探究·思考●●●

这 55000 元材料都属于成本吗？都属于直接材料费用吗？

根据上述资料可以确定好易控公司 A、B 产品的直接材料费用如表 7-1 所示。

表 7-1 好易控公司产品成本计算单（1）

单位：元

产品名称	直接材料	直接人工	制造费用	合计
A 产品	30400			
B 产品	19200			
合计	49600			

【提示】虽然仓库总共发出材料 55000 元，但其中只有 49600 元属于直接材料，因为这些材料是由产品领用。另外车间领用的材料 5000 元属于制造费用，管理部门领用的材料 400 元属于管理费用，不能计入成本。

（2）确定人工费用

月底结算本月职工工资 48600 元和三险一金费 6810 元，共 55410 元。其中，制造 A 产品工人工资 14000 元，三险一金 1960 元；制造 B 产品工人工资 6000 元，三险一金 840 元；车间管理人员工资 4600 元，三险一金 650 元；公司管理人员工资 24000 元，三险一金 3360 元。

●●探究·思考●●

这 55410 元材料都属于成本吗？都属于直接人工费用吗？

根据上述资料可以确定好易控公司 A、B 产品的直接人工费用如表 7-2 所示。

表 7-2　好易控公司产品成本计算单（2）

单位：元

产品名称	直接材料	直接人工	制造费用	合计
A 产品	30400	15960		
B 产品	19200	6840		
合计	49600	22800		

【提示】虽然本月共发生人工薪酬 55410 元，但其中只有 22800 元是直接生产产品的工人，属于直接人工。另外车间管理人员薪酬 5250 元属于制造费用，管理部门人员薪酬 27360 元属于管理费用，不能计入成本。

（3）归集制造费用

生产部本月还发生购买办公用品、差旅费等费用共计 2800 元。另外根据财务部门的核算，生产部使用的设备等本月应提固定资产折旧为 5450 元。

●●●探究·思考●●●

生产车间发生的这些费用属于什么？最后计入产品成本吗？所有成本都导致现金流出吗？

根据上述资料可以归集好易控公司生产部门的生产管理费用如表 7-3 所示。

表 7-3　好易控公司生产制造费用明细（3）

单位：元

部门名称	材料费用	人工费用	折旧费用	车间办公费用等	合计
生产部	5000	5250	5450	2800	18500
合计	5000	5250	5450	2800	18500

【提示】生产部门发生的所有费用都与生产管理直接相关，但发生时不能确定每种产品承担多少，因此需要先作为间接费用在"制造费用"中进行归集，最后再在生产产品之间进行分配，最终都要计入产品成本。

虽然这些费用都属于成本，但并非所有成本项目都导致现金流出，比如折旧费用是因固定资产产生的，但固定资产在以前年度已购入，在购入时会导致现金流出企业，现在计提折旧的行为并不会导致企业的现金流出。这也是折旧与材料、人工费用的差别。因此，企业的成本可以进一步划分为付现成本和非付现成本。通常，企业购买材料支出、支付人工费用、支付动力费用及车间办公费用等都需要支出现金，因此是付现成本。折旧不涉及现金流出，是典型的非付现成本。

本月好易控公司生产 A 产品 100 台，全部完工，B 产品 60 台尚未完工。A、B 的生产费用如表 7-4 所示。

表7-4 好易控公司A、B产品生产成本明细表

单位：元

产品名称	完工产品数量	直接材料	直接人工	制造费用	合计
A产品	100台	30400	15960	18500	
B产品	——	19200	6840		
合计	——	49600	22800	18500	90900

（直接费用：直接材料、直接人工）
（间接费用：18500）

（4）分配制造费用

好易控公司本月发生的制造费用是A、B两种产品共同负担的间接费用，不能简单地由两种产品平均负担。因为每种产品投入的时间、精力等都不一样。制造费用一般需要按一定标准在当月生产的各种产品之间进行分配，然后再分别计入各种产品的生产成本。通常情况下，可以选择的标准包括：生产工时、机器小时、生产工人工资。

下面我们按A、B产品的生产工人工资分摊共同负担的制造费用：

$$\text{每元工资应负担的制造费用} = \frac{18500}{14000+6000} = 0.925（元）$$

A产品应分摊的制造费用 = 14000×0.925 = 12950（元）

B产品应分摊的制造费用 = 6000×0.925 = 5550（元）

（5）产品计算单及完工产品单位成本

根据上面的计算过程，好易控公司 AV 矩阵 100 台已全部完工，我们可以得到 AV、RGB 矩阵当月的总成本，见表 7-5。

表 7-5　好易控公司 AV 矩阵生产成本计算表

单位：元

产品名称	完工产品数量	直接材料	直接人工	制造费用	合计
AV 矩阵	100 台	30400	15960	12950	59310
RGB 矩阵	—	19200	6840	5550	31590
合计	—	49600	22800	18500	90900

我们还可以计算出好易控公司完工 AV 矩阵的总成本和单位成本，见表 7-6。

表 7-6　好易控公司 AV 矩阵生产成本计算表

单位：元

成本项目	AV 矩阵	
	总成本（100 台）	单位成本
直接材料	30400	304.00
直接人工	15960	159.60
制造费用	12950	129.50
产品生产成本	59310	593.10

从表 7-6 中，总经理可以了解到好易控公司 AV 矩阵的总成本、单位成本及成本的项目构成，可以进一步分析成本项目是否合理，哪些成本项目可以进一步控制。

●● 探究·思考 ●●

好易控公司总经理直接按材料价格的 3 倍作为产品的销售价格。其价格制定得合理吗？企业的利润空间大吗？

目前产品直接材料费用为 304 元，按材料价格的 3 倍作为产品的销售价格，那么销售价格为 912 元。由表 7-6 可以看出，AV 矩阵的单位成本为 593.10 元，单位产品毛利润仅为 912-593.10=318.9 元，毛利率为 34.97%（318.9÷912），利润空间有一定保障。

【提示】准确计算成本是加强企业成本管理的基础和前提，通过对成本的进一步细分，了解成本各项目的具体构成和所占比例，可以帮助总经理有的放矢，使成本管理更具针对性，提供管理效率和管理水平。

三、控制料、工、费，成本才能降下来

了解了企业产品成本的构成及成本计算流程，总经理控制成本的思路就应该非常清晰了。控制料、工、费，是控制成本的核心和关键。

1. 材料消耗定额必须有标准

第六章中详细论述了关于原材料的财务管理，包括通过确定

最佳经济量以使企业材料采购成本和库存达到最低，以及存货的库存管理，在此不再赘述。本部分重点探讨生产过程中的原材料消耗的管理。

材料成本是构成企业产品成本的最基础项目，单位产品材料消耗定额的高低，直接关系到材料储备定额和储备资金的数量。为了促使企业更好地使用和节约材料物资，每一个工业企业都要制定先进合理的材料消耗定额，这对于企业从生产准备、投料制造，一直到完成产品生产的整个生产过程，都有非常重要的作用。

材料消耗定额是指在节约和合理使用材料的条件下，生产单位合格产品所需要消耗一定品种规格的材料等的数量标准，包括材料的使用量和必要的工艺性损耗及废料数量。制定材料消耗定额，可以利用定额这个经济杠杆，对物资消耗进行控制和监督，达到降低物耗和产品成本的目的。

$$总消耗量 = 净用量 + 损耗量$$

控制材料消耗定额，关键是确定净用量和损耗率。工业企业为制造产品而消耗材料数量的多少，是反映生产技术和经营管理水平的重要标志。降低废品率是控制材料消耗定额、降低成本的重要手段。其主要方法有：

（1）建立完整的质保体系，强化降废的过程控制

许多产品的生产需要经过几个、十几个甚至几十个环节，如果一个环节失控，即使其余环节做得都很完善，也会出废品。要真正做到过程受控，需要做的事情很多，这里应特别强调三个方面：一是提高职工的技术素质，雇用熟练的会操作的工人队伍是降废降耗的基本条件；二是提高职工的质量意识，这里不仅仅是指工人，技术人员、管理人员更为重要；三是认真做好记录，记录要真实。只有这样认真去做，持之以恒，产品质量才会不断提高，废品率才会不断下降，才会创造更多的利润去抵御外来因素的影响。

（2）原辅材料合理选用是降成本、降废品率的重要措施

好易控公司这个月频频接到客户投诉电话，反映发给客户的矩阵产品连接效果不稳定。公司根据合同约定让客户将矩阵返厂维修，公司重新发新设备给客户替代使用。通过拆卸和全面检查，发现矩阵中有一个小芯片质量存在问题，导致整机效果不好。采购员回忆当时购进时因这个芯片价格较低就选购了这种芯片。

采购便宜的芯片貌似能为公司省下一点材料费用，但质量不稳定导致的产品返修及退货等损失却相当大，比较起来就得不偿失了，遑论公司因产品质量信誉造成的损失及客户流失了。因此绝不能贪小便宜，确保原材料质量是降低成本的重要保障。

不断降低产品成本是企业永恒的课题，降低废品率又是企业降低成本的重点。

提示：生产过程中产生的废品（不可修复）发生的废品损失记入成本，可单独列为一项，便于成本分析。

2.降低人工费用，控制生产成本

从前述的成本构成图7-1可以看出，人工费用是企业产品成本构成的重要部分，通常占到产品成本的三分之一。降低人工费用是进行成本控制的重要手段之一。

在当前人工成本水涨船高的情况下，企业降低人工成本主要有两种途径：一是降低产品的单位人工耗用量，二是寻找低人工成本洼地。

（1）降低单位人工耗用量

好易控公司的矩阵产品的主板生产采取外包服务，公司主要生产环节是将原材料——芯片焊接到主板上，公司聘请了六位焊接人员，一直采用的是固定月薪制度。在订单量大小不一的情况下，焊接工人的工资基本无差异。年底公司订单增加，焊接工人纷纷抱怨工作量增加了但薪酬没变，效率低下，有些订单眼看难以如期完成交货，要求公司再聘请两位工人。

到底是增加新员工还是挖掘现有员工潜力呢？总经理根据目前的订单数量，认为当前六位焊接人员应该能完成这些任务，因此决定改变薪酬制度，将目前焊接工人的工资的一半作为底薪，另一半作为绩效工资，按实际完成产品数量进行计件发放，并对日产量最高的员工给予一定的浮动奖金比率。实施了半月，产品完工数量显著增加，如期交付产品已无问题。总经理仔细一算，实行绩效工资后员工工资平均上涨幅度为20%，远远低于另外聘请两位新工人的费用，而且也避免了新工人技术不熟练带来的诸多问题，现有员工因工资上涨积极性亦大大增强。

降低单位人工耗用量的关键就是提高企业劳动产出效率，改变人浮于事的现象。主要应从以下几个方面采取措施：

◇对薪酬实行必要的浮动，采取工效挂钩的办法，通过客观公正的考核，充分激励员工努力工作。比如上述的实行计件工资，鼓励日产量高的员工等都是有效的方法。

◇根据工效学的原理对工作环境进行优化，降低员工工作压力，减轻员工的工作疲劳，有助于提高员工的单位产出。

◇奖励创新，激发员工的创新热情，通过技术创新，提高生产环节效率，增加企业经济增加值。

（2）寻找低人工成本洼地

2008年开始，面对深圳人工成本的不断上涨，以及苹果iPhone低价策略引发的市场动荡，富士康国际开始酝酿重大转型。富士康深圳总部逐步转型为研发基地，原有产能继续保留，而富士康国际未来主要产能将转向更低成本的地区，如河北廊坊和山西太原等。未来公司的生产重心将会在华北地区，预计廊坊和太原的新工厂将陆续投产，未来产能还将扩大。如果廊坊和太原的新工厂都正式运转，最高产能相比深圳总部将增加50%。富士康越南的新工厂也在2008年底小量试产，公司在山东烟台也有扩产计划。此外，富士康国际还在匈牙利和印度等低成本市场开设新厂房，位于匈牙利的新厂房于2008年8月投产。

2008年以来，深圳许多公司纷纷搬迁到东莞和内地建厂，如深圳方大集团到江西南昌经济开发区新建产业园区等，其中一个主要原因就是人工成本的优势。

当企业规模达到一定程度后，大城市的人工成本下降空间非常有限，寻找低人工成本洼地成为降低人工费用的重要途径之一。企业可以在一线城市建立营销网络，在内地二、三线城市建立生产基地，使人工费用降到最低，同时维护企业在大城市的联系窗口。

近年来，随着我国工资水平、人力社保、福利等方面的提升，导致我国人力成本持续上升,制造业低成本优势逐步消失。2017年，中国制造业职工年平均工资已经由2003年的1.27万元增长至6.45万元，而越南的工资仅约为国内的三分之一，电力成本是中国的一半左右。促使一些产业（低端产业）向劳动力成本更低的越南、柬埔寨、非洲国家等地转移，以确保保证持续、可观的利润来源。在这一趋势下，国内如纺织行业等生产规模日渐萎缩；同时由于生产成本以及转移成本过高，大量中小企业被市场淘汰。2011年3月，纺织业规模以上企业数量为2.22万家，但到2018年11月，仅有1.91万家，减少了近15%。

企业人工费用的管理是财务管理的一项重要内容，我们将在下一章详细探讨。

四、管理费用"吃掉"公司不少利润

安源股份是一家上市能源类股份有限公司，主要以煤炭生产、洗选加工为主，主要煤种有主焦煤、气肥煤、1/3焦煤、无烟煤、瘦煤等，煤炭产品有冶炼精煤、动力精煤、洗混煤、混煤、块煤等，年产煤炭900万吨。非煤产品和业务主要有客车制造、浮法玻璃生产、玻璃深加工等。公司实际控股方为江西省煤炭集团公司，隶属于江西省国有资产监督管理委员会。公司2008年发生亏损，表7-7左半部分是安源股份2007年、2008年部分财务数据，请分析亏损原因是什么。

表7-7 安源股份部分财务数据

单位：万元

	部分财务数据		成本、费用占收入百分比	
	2008年	2007年	2008年	2007年
营业收入	99545	123584	100%	100%
营业成本	79628	97769	79.99%	79.11%

续表

	部分财务数据		成本、费用占收入百分比	
	2008年	2007年	2008年	2007年
营业税金及附加	660	817	0.66%	0.66%
营业费用	3249	4698	3.26%	3.80%
管理费用	12074	10333	12.12%	8.36%
财务费用	7619	7083	7.65%	5.73%
营业利润	-3685	2884	-3.70%	2.33%

我们可以首先计算安源股份各项成本、费用项目占营业收入的比重，见上表右半部分。从表中数据可以看出，安源股份2008年与2007年相比，营业成本、营业税金及附加等占收入的比重基本没有发生变化，营业费用占营业收入的比重还有所下降。但是，管理费用占营业收入的比重增加较大，从2007年的占比8.36%上升到2008年的占比12.12%，上升了3.76个百分点。在营业收入2008年绝对额比2007年减少24039（99545-123584）万元的情况下，2008年的管理费用比2007年增加了1714(12074-10333)万元，进一步压缩企业的利润空间，导致安源股份2008年发生亏损。

管理费用是企业非常庞杂的一项费用，金额也比较大，通常占到企业收入的10%甚至更多，控制好管理费用能大大扩展企业的利润空间。

1. 管理费用的主要内容

管理费用是指企业为组织和管理生产经营活动所发生的各种

费用。如企业的行政管理部门在经营管理中发生的公司经费（包括行政管理部门职工工资、修理费、物料消耗、低值易耗品摊销、办公费和差旅费等）、工会经费、待业保险费、劳动保险费、聘请中介机构费、咨询费（含顾问费）、诉讼费、业务招待费、房产税、车船使用税、土地使用税、印花税、技术转让费、矿产资源补偿费、无形资产摊销、职工教育经费、研究与开发费、排污费、存货盘亏或盘盈（不包括应计入营业外支出的存货损失）。

针对管理费用的管理，应采取"预算控制、控制关键点、控制流程、控制方案"四位一体的控制方法，以细化对管理费用的全面控制。

2. 管理费用的控制起点：做好预算

作为总经理，要控制好管理费用，应该首先对企业管理费用的开支情况做到心中有数，管理费用预算的编制见下表7-8。在具体编制时，总经理应以上年同期数据为基础，考虑本年的发展战略，对管理费用进行预算，然后根据该预算对下一年度的各项开支进行严格控制与管理。

表7-8　管理费用预算表

金额单位：（元）　　　　　　　　　　　　编制时间：
　　　　　　　　　　　　　　　　　　　　预算期间：

费用项目	预算依据	去年平均	去年同月	本月预算	本年累计
1. 工资及福利支出					
2. 办公用品费					
3. 邮递费					

续表

费用项目	预算依据	去年平均	去年同月	本月预算	本年累计
4. 电话费					
5. 低值易耗品					
6. 差旅交通费					
7. 公司车辆费用					
8. 租赁费					
9. 交际应酬费					
10. 教育培训费					
11. 员工保险支出					
12. 水电费					
13. 工会经费					
14. 修理费					
15. 研发费					
16. 咨询费					
17. 其他管理费用					
18. 固定资产折旧					
管理费用合计					
本期付现费用					

审核： 制表

3. 管理费用控制重点之一：办公费

对于办公费用的管理，应从计划、权限审批和日常管理三方面进行。

(1) 办公费用开支计划

企业行政办公费用由行政管理部门于年初拟定预算,由财务部门汇总、审核,经总经理审批通过后执行。

企业同时授予副总经理、部门经理对计划内费用开支的审批权限。

企业费用开支计划留有弹性,并根据实施情况做出调整。

原则上,各项费用开支不得超出年初预算的额度。

(2) 审批权限及程序

计划内的企业办公费用开支应遵循如下审批程序(见图7-3):

图7-3 办公费用审批权限及流程图

凡企业计划外开支,一律报总经理审批。

(3) 日常办公用品费控制

办公用品购买实行季度申报制。每个部门将所需的日常办公用品,于每季初前填写《办公用品购买申报单》交行政管理部,由行政管理部汇总,报财务部、总经理审核批准后统一购买,发放时要进行登记。

各部门急需或特殊的办公用品,经批准,可自行购买。一定价位以下的办公用品,应由行政管理部经理批准。超过一定价位的办公用品,应由分管副总批准。对于印刷费用、图书资料费用、维修费用及其他行政管理费用的控制也应按此规定进行。

办公费用一律凭完备的《办公用品购买申报单》及上述图7-3的相关手续办理。

4. 管理费用控制重点之二：差旅费

企业的差旅费用少则数十万元多则几十亿元，已经成为企业财务报表上排名前三位的可控支出。但企业差旅费用的管理还停留在原始阶段，从票据的核查、审批到报销，占用的人力、时间成本还未纳入到企业管理效率的考核范畴。

（1）传统的差旅费管理制度

传统的关于差旅费的管理，重点主要在于差旅补助管理和报销流程方面。

差旅费用补助方面，目前较为流行的做法是实行包干制，比如市外出差，每人出差补助为300元/天（包食宿）。往返交通费按实报销，但不得乘坐出租车（特殊情况除外）。出差天数按实际出差在外的天数计算，上午12:00前出发的可享受全天补助；12:00后出发的，当日不能到达目的地的，可享受半天补助；12:00后出发的，当天到达目的地并住宿的，可享受全天补助。

在报销流程方面，一般规定公司员工出差返回后应在三个工作日内报账，报销程序与图7-2所示类似，报销人员应先从财务处领取差旅费报销单，将各种票据按时间顺序及财务规定粘贴在报销单背面，然后由各主管部门经理审签和公司财务部门审核，并送交总经理审批，最后交由出纳人员核对后，方可报销。所有报销票据必须是合法、有效的发票。特殊情况下，购买货物金额较小，不能取得合法、有效的发票，需开有效的收据。所有发票或收据的报销，必须将原始票据粘贴整齐，时间、地点明确，业务内容完整，金额计算正确，大小写相符，字迹清晰可认，签章齐全，合法、有效。

汽车费用（包括油费、过路费、修理费用等），经手人需填写经费支出单,交由办公室主管登记,报销流程与差旅费报销相同。

这种传统的差旅费管理制度能有效地控制费用支出,但由于其规定过于死板,也存在一定的局限性。通常适用于规模较小的公司。

(2)差旅费用管理制度之创新

其实,差旅过程中的两大费用是交通费和旅宿费,怎么将这两部分进行优化?

首先,最关键的就是把这些费用的数据进行批量整合。公司前期有必要收集如下信息:公司每年商旅计划中用于飞行、旅店和租车上的花费;出差者的频率;差旅范围;公司与各个差旅供给商的协议;公司的付款方式等。

其次,对这些信息进行整合和分析,得出差旅成本控制的突破点。比如可以根据整合出来的差旅流量,与一些酒店和航空公司签订一个公司独有的协议价,这也是公司差旅治理中稳定差旅费用的一大举措。

最后,加强内部流程上的操作。公司内部各个层级部门的配合非常关键。人事、行政、财务、采购等部门统筹行动,比如财务部门对成本的控制和会计制度的兼容,人力部门提供企业薪酬方面的政策等。如果企业的年差旅费用在200万元以上,就很有必要设立差旅治理经理这一职位了。差旅治理经理的职责是什么呢?

世界知名的医疗器械品牌美敦力公司差旅治理负责人列举了她的工作内容:负责了解雇员对于商务旅行的要求,以及他们对公司的期望;查找能够提供满足雇员要求的合适的专业服务机构;"格式化"机票预订和酒店预订过程;随时改进运营过程。

因此，当公司差旅费用达到较大数额后，设置差旅治理经理岗位是有必要的。差旅经理负责处理雇员关于商务旅行的投诉；阅读关于商旅治理的周度和月度报告；核查来自旅游公司和票务公司的月度账单；每半年与服务提供商会面一次，获得来自服务提供商的分析报告，了解他们对下一年商旅治理的建议。

（3）差旅费的控制并不是一味地省钱

在一家港资公司担任中国内地地区总裁的陈先生，近日来总是被公司的差旅制度所困扰。以往，由于职位的重要性，陈先生除了固定的差旅开支预算外，每年还享受一定数额的机动预算。但最近公司开始痛下决心控制庞大的差旅成本，陈先生的机动预算因此被改成了以次数计算，并且每年只有5次，这给陈先生的出行计划带来了很大的麻烦。"现在假如有出差计划，必须提前3天向香港总部打招呼，由他们统一安排订机票和住宿。结果我经常是上半年紧张得很，生怕用了机动指标，即使再重要的临时会议都能推则推；而快到年底了发现指标还没用完，又得使劲找机会把它用出去。"

在一家机关供职的徐小姐也有同样烦恼："单位为了节约成本，给我们定的出差住宿标准是每天200元。假如去一些小城市，这些钱用不完；去北京、上海之类的大城市，却又只能住街边小旅馆。就连出国也是同样，标准为一天120美元。我去纽约只能住MOTEL，一到晚上就想起美国电影里面的凶杀场面，成天担惊受怕的。"

必要的控制是应该的，但是，有效的财务控制应该考虑的是人的因素和企业的发展目标以及效果之间的关系。传统的成本治理是以企业是否节约为依据的，绝不能片面从降低成本乃至力求避免某些费用的发生入手，强调削减和节省成本。实际上，成本控制是一门花钱的艺术，而不是节约的艺术。如何将每一分钱花得恰到好处，将企业的每一种资源用到最需要它的地方，这是总经理进行财务管理共同面对的难题，也是管理水平的体现。

【提示】成本控制、财务效率应该与企业导向性目标结合起来。从财务角度谈问题，节约资金是其核心目标。但假如站在企业的高度，这个效果绝不仅仅是省了多少钱，而是能为公司创造多少价值和利润。因此在考虑差旅政策的问题时，总经理需要站在全局的高度，而不是一味砍杀花费，因为有的花费是必需的，能给企业带来比花费大得多的效益。不少跨国公司就要求自己的员工在出差时必须住规定的五星级酒店，因为这代表着公司在客户面前的形象。

因此在具体实施过程中，一味地省钱有时会损害公司形象，但一味地浪费更不可取，会极大地降低公司的利润空间，总经理需要判断在什么情况下应该节约，什么时候该重视效果。

（4）兼顾节约与效果：**差旅费控制六建议**

西门子在中国有46000名员工，分支机构和运营子公司遍布全国，差旅治理工作难度大，其难点主要在于金额庞大、地域性强、市场环境多样、服务提供商供求不平衡等。西门子早在十几年前，就在德国成立了单独的差旅治理部门，统筹治理全球一百多个国家的差旅费用。西门子中国也从七年前就开始注重差旅费用的治理，并逐步设置了专职的差旅治理部门。近年来，这个差旅治理部门已经能够为公司每年节省少则几百万元、多则数千万元的差旅费用。

一个有效的兼顾节约与效果的差旅费用控制建议如下：

◇制定清楚明了的财务政策，便于所有部门查询，由此避免职员在未被授权的领域内支出费用。

◇优化供给链。要学会控制成本，必须清楚地了解企业把钱花到了哪里、自己的供给商究竟是谁,然后优化供给链,与航空公司、酒店签订长期合作合同,获得优惠价格。

◇用公司卡治理费用支出。用传统的纸张治理,不仅易发生纠纷,而且治理成本很高,职员可以拿着公司卡直接消费,既避免了现金支出,降低了成本,又可以对整个出差流程进行费用监控,看其是否符合公司政策。这样一来,所有的信息都可以迅速查询,无须繁杂的发票。

◇监督所有部门执行公司的相关政策。因为再好的政策得不到执行也只是一纸空文,企业需要建立一套强有力的监督机制。

◇严格执行费用支出程序。对费用支出进行严格把关,一旦发现授权之外的支出,一律予以处罚。

◇尽可能使用科技手段如网上预订等措施降低费用。

5. 管理费用控制重点之三:职务消费、会务费、董事会费

一般而言,职务消费包含两部分内容:一是企业管理人员个人自主支配和使用的以货币形式表现的费用,如工资、津贴、生活费等。二是企业管理人员为开展工作而投入的成本,以及管理层在履行职责和公务活动中所发生的费用,目前这些费用还不是以货币形式发放,而是以票据报销的形式支出,如招待费、通信费、小车购置费、差旅费等。

会务费,顾名思义是因为召开会议所发生的一切合理费用,包括租用会议场所费用、会议资料费、交通费、茶水费、餐费、住宿费等,包含的内容更为繁杂,相比其他管理费用,会务费的弹性更大,因此可压缩的空间也更大。

董事会费是企业董事会或最高权力机构及其成员为执行职权

而发生的各项费用，包括成员津贴、差旅费、会务费等。

职务消费、会务费及董事会费更多地与公司高管人员的行为有关。"上行下效"，总经理具有怎样的理念，以及如何贯彻执行将对企业的费用控制具有重要的影响。职务消费、会务费和董事会费等支出更直接反映了公司高管的消费理念。

沃尔玛的很多连锁店都为员工准备了免费的纯净水，但不准备纸杯，要求员工自带水杯。显然，这能有效地降低管理费用。而高管人员的成本控制意识更是无处不在。

沃尔玛总裁罗伯森·沃尔顿外出时经常和别人同住一个房间，沃尔玛员工自然不能例外。2001年沃尔玛召开中国年会时，来自全国各地经理级以上的与会代表都入住于普通的招待所。每次开新店之前，都会有美国专家从总部赶来协助工作，这些人均入住三星级宾馆，而且开店第二天立刻就走人——多待一天可就多一天开支呀！

所有成功的能够长久存续的企业其总经理无不具有节俭的美德！节俭并不是一个小问题，一张纸、一支笔、一个纸杯的费用，若是"积少成多"，也是一笔较大的开支。一个管理者要想让企业处于不败之地，就应从小问题抓起，提倡节约，身体力行，首先将职务消费、会务费及董事会费等降下来，力争人人节俭。把节俭当成一种企业文化，成本理念才能深入每一个员工的心中！

五、给营销费用"减减肥"

现在的总经理们日益感到企业经营之艰难：一方面是暴利时代已结束，激烈的竞争使企业的利润空间大幅压缩；另一方面是渠道商快速崛起，并开始向上游制造商"争权夺利"，逼迫制造商降低成本，让利于渠道商。没有市场根本谈不上利润，市场竞争一直是企业间竞争的核心，因此，营销也一直是企业经营管理的重心之一。企业经营费用的大幅度上升，尤其是营销费用，成为让企业管理者大感头痛的难题。而遍布全国各地的营销人员更大有"将在外，君命有所不受"的气魄，其费用控制更是难上加难！如何控制企业的营销费用呢？

1. 做好营销预算

要想控制好营销费用，首先应该制定出详尽的营销预算。营销预算是公司经营预算的重要组成部分，直接关系到公司营运的效率和效益，其重要性不言而喻。

营销预算通常包括销售收入预算、销售成本预算、营销费用预算三个部分。其中营销费用预算基本上可以分为市场费用预算和行政后勤费用预算两大类。

市场费用是为了取得销售所产生的费用，比如广告费用、推销费用、促销费用、市场研究费用等。而行政后勤费用主要是指订单处理费用、运输费用、仓储费用、顾客投诉处理费用、后勤人员薪酬等。这些行政后勤费用因为主要是与市场行销有关，因此也被列入到营销费用里面。

制定营销预算的时候，应以以往年度的营销费用占营业收入比重为参考，根据本年度公司营销战略和营销目标确定本年底预算，本年度的预算业绩应该优于上一个年度的预算业绩。

2. 贯彻营销费用管理制度

"制度重于一切"，现在的市场环境竞争日益激烈，而且十分复杂，单靠个人的自律和财务人员的个人努力是没法对营销费用进行有效的控制的。企业（含销售分公司）必须制定详细的财务制度，对市场费用和行政后勤费用的使用进行规范，大到销售额、回款、冲账、促销费用、市场建设费用、广告宣传费、工资奖金、赠品费、活动（展会、座谈会等）费、报账等，小到办公用品的采购、内勤杂务以及其他事项，这些都是必须明确的。

3. 注意细节管理

一般地，财务人员和销售经理都很重视大额的营销费用的控制和使用问题，比如市场建设费用控制、促销经费控制、工资奖金发放、每月报账冲账等，但是对于一些"小节"则疏忽了。销售机构租住的房子通常管理混乱，水电等只开不关，办公室里面的纸张、笔墨以及其他用品四处乱扔，促销礼品被员工分次邮寄回家等。可见，加强细节的管理显得尤为重要！

4. 建立个人效益成本账

建立"个人效益成本账"，即按各个营销人员分立户头对其营销费用支出进行单独核算，并根据其营销费用支出和营业收入的情况进行奖惩，能从源头引导营销人员去尽量节约成本，提高效益。

以市场建设费为例，如果没有与个人收益结合的考核制度，营销人员对进场费、修缮展台费不会有太多考虑，只要对自己营销工作有利就行，因为花钱多少与自己无干。如果采用个人效益成本账制度，这个投入要计算到营销人员头上，那么，营销人员必定要与商场负责人软硬兼施，降低进场费（这个商场进场费是大有讲究的，并非铁板一块，说一不二的），挑选好的展台位置，与展台制造商讨价还价，最终算下来，营销费用要降低一大截。某公司的案例显示，实施该制度后公司一年的展台修缮费下降了10%～20%。

5. 开辟新的营销领域

互联网时代网络营销应成为企业营销战略的重要组成内容之一。企业网站建设是网络营销中非常重要的一环，企业网站代表着企业在网络上的形象，客户对企业的第一印象往往来源于网络，也就是他对企业网站的印象。好的网站建设和网络营销，能有效实现低投入高效率，而且能减少营销费用的开支。作为总经理，这也是不可忽视的方法之一。

营销费用的"松紧"平衡是一个令总经理苦恼的问题。费用管得太紧，业务的拓展受限制，营销人员也没了积极性；而管得太松，营销费用呼噜噜地直往外流，企业又无法驾驭日益增长的成本。营销费用控制的关键在于事前预算、事中控制、事后考核，而且越详细越好！做好这几点，辅之以营销手段的创新，营销费用就在掌控之中了!

　　降低了成本、费用,就意味着企业利润的增加,总经理必须时刻具备成本控制意识,并在企业中全面实施推广,让成本控制理念贯穿于企业的每一个角落。切记:只有全员参与的长久的成本控制行为才能使企业在市场竞争中打败对手,立于不败之地!

第八章

企业薪酬管理

如何做到既要马儿跑,又要马儿少吃草呢?进行有效的薪酬管理和薪酬设计能大大增强薪酬的效用。实施激励模式的薪酬机制,根据岗位进行差异性薪酬设计,加强薪酬的事前预算和事后考核与控制,实行工资保密制度,既能激励员工工作热情,又能促进公司的稳定。

一、薪酬管理的目标

老板的疑问：我每年都在给员工涨工资，但大家的积极性好像还是不高，我的钱到底用到了什么地方，花的钱是否起到了应有的激励作用？

员工的烦恼：老板真小气，销售收入增加这么多，怎么工资不见涨？

财务部门的困惑：管理费用逐年增加，人工成本这么高，公司利润怎么保证？

每个总经理对这个场景都似曾相识，人工成本预算控制和薪酬激励永远是一对矛盾体。"既想马儿跑，又想马儿少吃草"，这是每个总经理期盼的目标。薪酬管理能有效地帮助总经理解决这一问题。

薪酬管理，是对员工薪酬支付原则、薪酬策略、薪酬水平、薪酬结构、薪酬构成进行确定、分配和调整的动态管理过程。薪酬管理包括薪酬体系设计、薪酬日常管理两个方面。从某种意义上讲，薪酬管理是一个技术问题，因此是可以通过专业性的技术、技巧、技能解决的。企业薪酬发挥应有的作用，薪酬管理应达到三个目标——效率、公平、合法。达到效率和公平目标，就能促使薪酬激励目标的实现，而合法性是基本要求。

1. 效率目标

效率目标包括两个层面：第一个层面站在产出角度来看，薪酬能给组织绩效带来最大价值；第二个层面是站在投入角度来看，实现薪酬成本控制。薪酬效率目标的本质是用适当的薪酬成本给企业带来最大的效用。

2. 公平目标

公平目标包括三个层次：分配公平、过程公平、机会公平。

分配公平是指企业在进行人事决策、决定各种奖励措施时，应符合公平的要求。如果员工认为受到不公平对待，将会产生不满，也不利于公司员工的稳定。

员工通常通过对自己的工作投入与所得进行比较，来判定公司薪酬分配是否公平，同时还会与过去的工作经验、同事、同行、朋友等进行对比。分配公平要求在设计薪酬时考虑到三点：第一，员工获得的薪酬应与其付出成正比；第二，企业内部不同职务的员工获得的薪酬，应与其各自对企业做出的贡献成正比；第三，企业确定的薪酬标准应与同一行业、同一地区或同等规模的不同企业中类似职务的薪酬基本相同。

过程公平是指在决定任何奖惩决策时，企业所依据的决策标准或方法符合公正性原则，程序公平一致，标准明确，过程公开。

机会公平指企业赋予所有员工同样的发展机会，包括在决策前与员工互相沟通，决策时考虑员工的意见及立场，建立员工申诉机制等。

3. 合法目标

合法目标是企业薪酬管理的最基本前提，要求企业实施的薪酬制度符合国家、省区的法律法规、政策条例要求，如不能违反最低工资制度、法定保险福利、薪酬指导线制度等的要求规定。

【提示】总经理需要注意的三个问题包括：第一，平均不等于公平；第二，高薪不等于高效；第三，如何利用薪酬这个杠杆来防止员工的流失。

二、降低人工费用，不能忘记最低工资标准

2018年张小姐高中毕业后来到上海某制衣厂当操作工。制衣厂规定，包食包住，月工资2000元，包括个人缴纳的社会保险费和住房公积金。后来，张小姐提出，上海市最低工资标准已调至每月2420元，她的工资也该增加了。制衣厂则认为，她的工资加上企业包食包住的费用，早就不止2000元，因而拒绝增加工资。

知识链接

最低工资标准，是指劳动者在法定工作时间或依法签订的劳动合同约定的工作时间内提供了正常劳动的前提下，用人单位依法应支付的最低劳动报酬。最低工资标准应包括基本工资（或标准工资）、奖金以及国家和省市规定发放的物价补偿性质的津（补）贴。它不包括加班加点工资，中班、夜班、高温、低温、井下、有毒有害等特殊工作环境、条件下的津贴，以及国家法

律法规、政策规定的劳动者保险、福利待遇和企业通过贴补伙食、住房等支付给劳动者的非货币性收入等。

最低工资标准通常由一国或地方政府通过立法制定。由于我国不同地区经济发展水平、人均收入和消费水平等情况的不同，各地区制定的最低工资标准也是不同的。而每一年根据当地经济发展情况等变化，各地区的最低工资标准也将作相应调整。

最低工资适合全日制工作人员。最低工资里是否包括"五险一金"，各地规定不尽一致，有的地方明确不包含，而有的地方则包含在内。如，北京、上海明确，劳动者个人应缴纳的各项社会保险费和住房公积金，不作为最低工资标准的组成部分，用人单位应按规定另行支付。贵州等地则明确，月最低工资标准包含劳动者个人应缴纳的"三险一金"（基本养老保险费、医疗保险费、失业保险费和住房公积金）。新疆则根据是否包含"三险一金"做出区分，即含"三险一金"的月最低工资标准，2018年分1820元、1620元、1540元、1460元四个档次。不含"三险一金"的则分1441元、1241元、1161元、1081元四个档次。

我国《劳动法》第五章明确规定,国家实行最低工资保障制度,用人单位支付给劳动者的工资不得低于当地最低工资标准。最低工资保障制度适用于我国境内的所有企业，包括国有企业、集体企业、外商投资企业和私营企业等。

尽管上海市最低工资规定没有说要剔除包食包住的费用,但用人单位支付给劳动者的工资必须以法定货币形式支付。对劳动者包吃包住,属于用人单位给予职工的福利,即使实际的用工成本支出高于最低工资标准,也不能因此使支付的货币工资低于最低工资标准。最低工资标准还不得计入实物及有价证券。

因此,制衣厂总经理需要了解国家这些规定,否则,如果用人单位不执行最低工资标准,劳动者可举报和投诉,那公司的麻烦就大了。省人工可不能省在这上面!

三、巧妙进行薪酬设计

1. 发挥绩效薪酬的激励作用

薪酬管理的核心,就是如何用小投入换取大的回报,即薪酬的激励性。根据企业薪酬支付依据的不同,企业薪酬可分为岗位工资、职务工资、技能工资、绩效工资、工龄工资、薪级工资等多种形式。通常企业可以将这几种形式结合起来使用。以下是几种主要的工资制度形式:

◇依据岗位或职务进行支付的工资体系,称为岗位工资制或职务工资制;

◇依据技能或能力进行支付的工资体系,称为技能工资制或能力工资制;

◇依据绩效进行支付的工资体系,如计件工资制、提成工资制、承包制等。

选择并确定工资制度形式是很关键的，这体现着公司的价值导向。员工的收入主要来自绩效工资加基本工资。绩效薪酬是薪酬结构的主要组成部分，基本薪酬处于非常次要的地位，所占的比例非常低。一般要根据岗位性质的不同选择不同的薪酬制度。对企业利润的最终业绩、销售额的最终业绩，或者战略目标的实现影响大的岗位，如销售岗位等，其浮动工资所占比例应该较大；与业绩不直接相关的岗位，如管理岗位等，浮动工资所占比例应该较小，这是基本原则。比如，高层员工四六分配，中层员工七三分配，基层员工八二分配。基础薪酬所占比例的大小要视岗位而定。

2. 岗位评价与薪酬设计

要设计一个合理的薪资结构，第一步需要做岗位分析，分析岗位所需要的一些技能、经验、难度、挑战性，以及它的失误和成果对企业带来的影响。第二步是岗位评价。岗位评价的目的是实现公司内部的公平性。针对不同岗位的性质设计不同的薪酬结构。

设计激励性的薪酬体系，要在浮动工资和长期激励上下功夫。因此，给员工加工资，不要加在固定工资上，也不要加在年终工资上，因为这是毫无价值的。固定工资跟福利难以产生激励效果。

建立薪资管理体系的目的是规范管理、提高士气，因此人力资源部在对特例进行个案处理时，还是要避免影响全局士气。对于高端技术、管理人才，鉴于培养周期、业务方向等因素，到市场上高薪聘请的机会要大一些，也更合理一些。

一般来说,能为公司多挣的人就该多得。一般是将收入分成两块:一块固定工资,70%左右;一块浮动工资(奖金、双薪、红包——名目不限),10%～30%左右。如果是高薪聘请的高级管理人才,其工作是很容易量化的,比如销售经理,可以根据团队完成的销售额确定薪酬标准,年底根据完成情况照协议发放奖金。但是有的岗位工作不容易量化,可以用细分描述目标来操作。比如一个业务拓展经理,最终可以根据当时签订的具体任务一项项具体核对是否完成,以确定薪酬的发放。

3. 进行有效的人工成本预算

进行人工成本预算是企业薪酬管理的重要手段之一,通常根据企业的战略规划对企业下一年度员工岗位情况进行汇总,然后根据不同岗位的性质确定薪酬标准,最终得到公司年度人工成本预算表,具体格式见表8-1。

表 8-1　年度人工费用预算表

单位:元

名称	金额
年度工资总额预算	
年度补贴总额预算	
年度保险总额预算	
年度福利总额预算	
年度奖金总额预算	
年度培训费总额预算	

续表

名称	金额
年度招聘费总额预算	
年度其他费用总额预算	
年度人工费用总额	

其中：

工资总额：指税前的工资总额；

补贴总额包括：膳食、交通、车辆、通信、加班、置装、住房、环境等补贴；

保险总额包括：社保、商业保险（地区公司有为员工办理商业保险的，需要列入保险总额中）；

福利总额包括：体检费、过节费、员工活动经费等；

奖金总额包括：销售奖、盈利分红等所有年度奖金总额；

其他费用总额包括：培训费、招聘费、人事代理费、宿舍租用费等。

企业也可以按岗位和员工人数编制人工成本预算表，基本做法是：根据以前年度的员工薪酬，分别对下一年度的总经理、高级工程师、管理人员、销售人员、生产工人的数量和薪酬进行初步预算，得出公司年度人工费用总额。

4. 解决人工成本预算控制和薪酬激励的矛盾

人工成本预算固然好，但其与实际相吻合的前提是，公司的经营环境和技术水平相对稳定。市场竞争环境下，愈来愈多的外部环境突变让企业人工成本预算控制失去作用。例如，市场的突然变好，使得员工并未付出额外努力而公司业绩却大幅增加，此时按照人工成本预算控制的规则支付薪酬又有何激励作用呢？同样的道理，如果是因为公司投入资金进行技术改造使得产值或者利润大幅度增加，那么据此增加人工成本预算又怎么能称得上合理呢？

如何解决人工成本预算控制和薪酬激励的矛盾呢？通过适当修正人工成本预算控制的办法可缓解这一矛盾。

（1）人工成本的弹性预算

外部经营环境的变化使人工薪酬的变化范围越来越大，因此，精确的人工成本预算，执行起来往往是不切合实际也缺乏可操作性的，对人工成本进行弹性预测则可留出更大的调整空间。具体而言，可采用以下两种方式：

第一种，预留弹性空间。进行人工成本的弹性预算可以在预算时制定一定比例的弹性空间，而非一个精确的固定值。

第二种，区间动态预算。也可以对人工成本进行动态预算，即薪酬可依据一定的环境变化而调整。比如，当销售量在某个范围内，销售人员的薪酬与其销售量之间的关系可为一个固定的比例。当销售量有突破该范围时，销售人员的底薪及其薪酬与销售量之间的关系可采用另一个比例。这样，在保持人工成本控制的总体原则不变的前提下，我们可以得到尽量贴合实际、具备激励性的人工成本。

（2）人工成本的零基预算

常用的人工成本预算和控制方法通常基于企业的历史数据，包括以往的人工成本和工资水平调整幅度等，并在此基础上根据预期收入或利润的增长等因素进行适当调整。这种方法通常适合于规模持续稳定增长的企业，对于短时期内快速增长的企业而言，这种方法未必有效。企业在快速扩张时期以及遭遇外部环境剧烈变化的情况下（比如金融危机），可以不考虑企业以往的人工成本数据，仅依据薪酬激励的原则从零进行薪酬设计，这种就是所谓的零基预算。

（3）人工成本的分类预算

人工成本的分类预算，主要是根据人工成本的构成性质分别采用不同的预算管理模式，通常采用的分类方法有：

第一，根据薪酬结构将人工成本分为固定工资与浮动工资两块，然后根据不同的影响因素，确定固定工资与浮动工资的薪酬设计，使人工成本预算尽量贴近实际。

第二，根据员工岗位及性质的不同，将不同部门的人工薪酬分类进行设计。比如，生产车间不是利润中心，而是成本中心，那么生产人员的工资薪酬预算的设计就应当与成本挂钩；销售部门人员的薪酬应与销售收入或利润挂钩；管理部门人员的薪酬应与管理效率及效果挂钩等。将不同部门的员工薪酬采用不同方式进行设计和预算，能更好地起到薪酬的激励作用。

5. 薪酬结构与企业的生命周期的激励作用

薪酬体系还必须与企业发展阶段相适应，企业发展阶段分为初创期、成长期、成熟期、衰退期。不同阶段企业的薪酬策略应有所差异。

初创期企业的薪酬结构中基本工资应占较低比例，浮动工资占较高比例，因为创业期希望所有的员工跟老板一样具有积极性、责任感。

成长期是企业的快速成长阶段，员工的基本工资应该具有竞争力，浮动工资应较高。因为成长阶段已经有员工跟随老板走过创业阶段，这些员工常常有流失的可能，因此需要设计有竞争力的基本工资。

成熟期企业的薪酬结构中基本工资应占较高比例，浮动工资占较低比例，福利水平相当要高。通常这一阶段企业规模较大，有待实质性飞跃。员工薪酬水平也在一定程度上体现了公司形象。

四、弹性福利提升员工福利效果

在西方国家，公司花在每位员工身上的福利费用约占整体薪酬的15%至20%，是一项可观的支出。除了提供法定的福利，例如劳动保健、退休金、年休假等，另外也提供不少额外的福利来吸引人才与满足现有员工的需求，例如旅游补助、团保、健康检查、三节礼金等，都是相当普遍的福利项目。美国的弹性福利主要包括各种可节税之医疗补助、医疗保险、亲属扶养津贴、退休金规划等。

站在员工的立场，福利绝对是愈多愈好。但是基于成本考虑，福利本质为"易放难收"，所谓"由俭入奢易，由奢入俭难"！公司当然不希望福利成本年年攀升，为了既满足员工个人不同的需求，又使公司的福利支出在可控范围之内，弹性福利就此应运而生。

1. 什么是弹性福利制度

弹性福利又称"自助餐福利"，蓬勃发展于20世纪80年代的美国，主要是由于劳动人口结构改变、劳工自我意识抬头与重视人性管理，员工更重视拥有"选择权"，因此，福利制度不再是一套行遍天下。公司提供多种福利政策，员工可以依照自己的需求选择最能满足自己的福利。

近些年来，我国愈来愈多的公司亦开始提供"弹性福利"，尤其是在高科技与银行产业。企业规划弹性福利制度需考虑下列因素：

（1）员工真正需求

不同公司、不同产业、不同员工结构，员工需求也就不尽相同；企业可以通过问卷调查等方式来了解员工想法，以设计真正满足员工需求的弹性福利制度。

（2）行政与人力成本之投入

公司在提供弹性福利制度时，需要考虑相关投入成本与效益的关系，目标是在企业投入成本最小化的前提下实现员工福利效果最大化。

2. "弹性福利"的类型

我国企业采取弹性福利制度范围较小也较简单，多数只采用所谓的津贴型或可选单一型。

（1）津贴型

将福利金用于公司规定可申请补助之项目内，包括旅游费、语言进修、保姆费、健身俱乐部、电影票、房贷利息等，员工在花费之后，以收据向公司申请补助；或在公司内部购物网站上，购买合作厂商的折扣商品或百货公司礼券等。

（2）可选单一型

例如：团体保险，是这两年新兴的弹性福利项目之一，目前实施的公司通常在"不增加公司成本或保费"的前提下，由保险经纪人精算出数种不同险种之搭配的套餐，供员工选择；或者开放寿险、意外险和其他险种，让员工自费提高保额，但是设有最高上限与最低下限。

3."弹性福利"的好处

弹性福利不仅能满足员工的差异性需求（例如：有家庭之累的中青年员工，更关注医疗保险或托婴照顾之福利；老年员工更愿意进行定期身体检查等），而且企业更容易控制成本，能更好地发挥现有福利基金的效用，给员工传递福利面面俱到、无微不至、体贴入微的感觉。可见，使用相同的经费，但效果截然不同。

此外，弹性福利还非常有利于提升员工满意度并进一步完善雇主形象，体现公司温情的一面。对企业而言，只是在设计时考虑得更周到些，并没有增加更多的开支，何乐而不为呢？

注：按税收制度规定，企业在年终所得税汇算清缴时，超过职工工资总额的14%部分要交所得税。

五、不要忘记股权激励

据荣亚咨询发布的《2018年度A股上市公司股权激励统计与分析报告》，2018年A股股权激励计划总体公告数达409个。股权激励进入"常态化",规模稳步增长。股权激励方案已成为企业提升凝聚力的重要手段。纵观各公司的股权激励方案,获得激励股权的人员除董事、高级管理人员外,其余均为核心技术人员。

对于企业中高层,长期激励方式主要有三种类型:股票、期权、利润分享。

1. 股权激励

股权激励包括股票期权、员工持股计划、限制性股票激励计划和管理层收购等。股权激励机制的重要形式之一是股票期权计划,快速成长的科技公司大多采用股票期权计划。浙江的企业能快速发展的最根本原因,就是解决了高管持股的问题。高管持股能大大提高管理层的主人意识,减少高层流动,真正以厂为家。

对于企业的高层管理人员和核心技术人员而言,其稳定性将大大增加企业的核心价值和发展能力,给予股权是有效的激励方式。股权激励的难点在于既不缺乏激励力度,又避免过度激励,稀释股权。

2. 期权激励

实施期权类的激励方式,能促进管理者跟公司共同成长。与股权激励赋予所有权不同的是,期权在一定时间内,是不可以上市交易的。一般来说,激励股票期权只能授予本公司雇员,只能用于购买本公司或母公司、下属公司的股票。美国规定激励期权经股东批准后,期权必须在10年内授出,授出后的10年内行使。

期权激励的授予对象主要是公司的高级管理人员,这些员工在公司中的作用是举足轻重的,他们掌握着公司的日常决策和经营,因此是激励的重点;另外,技术骨干也是激励的主要对象。现在期权计划有向一般职员扩大的趋势,如 INTEL 公司 1997 年修订的"股票期权方案",将授予对象延伸到了全球范围的所有员工。

高级管理人员一般在以下三种情况下获赠股票期权:受聘、升职、每年一次的业绩评定。通常受聘升职时获得的期权较多。

3. 分红权激励

国资委 2010 年 11 月 23 日发布通知,决定在注册于中关村国家自主创新示范区内中央企业所属高新技术企业、院所转制企业及其他科技创新型企业,试点分红权激励试点,目的在于将激励力度与业绩持续增长挂钩,促进企业科技创新能力不断提高。

分红权激励是企业股东将部分分配利润权奖励给员工的一种激励方式,目的是使职工利益与企业利益紧密地结合起来。通常,分红权激励主要分配给为企业发展做出突出贡献的科研管理骨干,通常又称利润期权。常见的分红权激励有以下两种:

(1)岗位分红权

岗位分红权激励对象原则上限于企业核心科研、技术人员和管理骨干,应当在该岗位上连续工作 1 年以上,参与岗位分红权激励的对象原则上不超过企业在岗职工总数的 30%。

企业年度岗位分红权激励总额可设计为当年税后利润的15%,激励对象个人岗位分红权所得可设计为不高于其薪酬水平与岗位分红之和的 40%。

(2) 项目收益分红

项目收益分红激励对象应为科技成果项目的主要完成人，重大开发项目的负责人，对主导产品或者核心技术、工艺流程做出重大创新或改进的核心技术人员，项目产业化的主要经营管理人员。

项目收益分红方式主要适用于通过自行投资、合作转化、作价入股、成果转让等方式实施科技成果产业化的企业。其分红期权方案的设计可以科技成果产业化项目形成的净收益为标的，采取项目收益分红激励。激励对象个人所获激励可设定为激励总额的30%。

分红权激励一般不适合面向全体员工实施，而且企业董事长、企业监事、独立董事等均不适合分红权激励。此外，上市公司及已实施股权激励的企业暂不参与分红权激励试点。

实施分红权激励能较好地激励公司重要管理人员及研发人员，并稳定核心骨干员工队伍。

六、薪酬发放小窍门

1. 按时发放工资

张某经人介绍，与某商场签订为期2年的劳动合同，由于市场竞争逐渐加剧和金融危机的影响，该商场经济效益连续下滑。因此该商场号召职工以自愿的方式向商场提出两个月领取一个月工资，并明确要求职工主动与商场签订协议，所欠工资等商场效益好转以后再予补发。张某一直未予商场签订协议。商场当月没有向张某发放工资，财务科的解释是，已按领导要求，公司所有职工的工资两个月发放一次，一次为一个月工资。

张某于是向当地劳动争议仲裁委员会申请仲裁，要求与商场解除劳动关系及转移社会保险手续，并一次性补发所拖欠的工资和赔偿损失。劳动仲裁委员会经过审理，裁决商场于裁决书生效之日起15日内，补发拖欠申请人张某1个月工资1100元并赔偿损失275元。

有些总经理在企业资金一时比较紧张的情况下，认为推迟几天发放工资没什么大不了的。但不能按时发放工资通常向员工传递了一种不稳定的信息，员工感觉没有保障，对企业也没有信心，随时都可能打算寻找更好的时机跳槽。因此，按时足额发放工资对企业而言是非常重要的。

企业按时发放工资的意义在于：

◇提升企业的诚信形象。承诺足额按时发放工资，可以大大提高诚信企业的知名度及其社会影响，是一种打响企业诚信品牌的很好的做法。

◇有利于稳定员工队伍。随着人才竞争的日趋激烈，只有诚信的企业才能留住工人，企业也因此才能获得更快的发展。

◇企业老板与员工其实是一个利益共同体，只有企业善待员工，员工才会对企业产生归属感，竭心尽力地为企业的发展出力。

2. 奖金发放小窍门

发奖金的目的是什么？目的是给员工持续的激励，让员工保持一种持续的工作状态。企业根据奖金性质的不同，在奖金发放管理上也应有所区别。企业奖金的发放可分为几种情况。

一家企业在春节前开年会，总经理做了一个员工总结大会，给一个员工发了5000块钱。颁布这个奖励时，员工一脸茫然。经过提醒，原来他在去年春节的时候值班抓了一个小偷，使得公司财产免于损失，当时没发奖金，今年年终一起发。

对于这类偶发性行为的奖励，通常其目的在于树立正气和鼓舞员工，对企业而言也不是经常发生的奖励项目，更适合在事情发生后及时进行奖励，而不是事隔很久以后再发。

另一种奖金可以采取递延发放的形式。递延发放奖金，可加大违约人员的成本。

在薪酬设计的时候有短期、中期、长期三种方式，每个月发放一次，奖金分红一年一次，也可能一年两次。公司应在这三个方面找平衡。员工特别喜欢周薪这种发放方式，每周都发。还有的发的是日薪。有个知名公司国内的工资是按月发放，在国外有半月发一次，也有每周发一次。分红是5月份和11月份，这样一来，员工一年当中有好几次额外收入。

奖金分成几次发，能避免员工的流失，因为一旦集中发放，很多人可能拿完这笔钱就离开了公司；而分成几次发放，就减少了这方面的问题，因为发完这一次就离下一次不远了，员工总有一些期待。

3. 工资保密制度

古人云：不患寡而患不均。采取薪酬激励和差异化薪酬制度后必然引起种种不平衡，这种情况怎么办？在很多企业，特别是外企，采取了工资保密制度。工资保密制度省却了很多解释薪资差异的麻烦；遇到需高薪外聘时，更是可以避免妒忌、排挤、"红眼病"，是让工作顺利开展的一个好办法，尽管员工有了解企业薪资情况的知情权。

除非一个公司的薪酬体系非常严谨科学，职位功能差异不大，否则"工资保密制度"还是一种比较行之有效的方法，特别在解决因高薪请人引起不平衡的问题上。当然，这种保密制度实际上也做不到真正的保密。这个问题的关键就在于制度的执行力问题。"工资保密制度"和"不得就公司的人和事飞短流长"应该作为公司的两项基本政策。如果能严格执行下来，其结果还是会令人满意的。

第九章

企业融资策略

资金是企业的血液,是企业存续和扩张的基础。企业融资管理首先要对企业资金需求量进行预测。股权融资、债务融资都是总经理可以采取的融资方式,中小企业常常面临融资困难问题,吸引风险投资则是一个值得考虑的选择。优化企业资本结构是融资管理的重要目标。

一、融资管理：了解企业的资金需求

从这里开始，我们要讨论本书第一章秦总遇到的问题了，秦总的两个困惑，其中资金吃紧的实质就是融资问题，企业筹集到资金后所面临的就是投资的问题。本章首先讨论融资问题。

如第一章所述，融资是企业整个经营活动的起点。在企业的持续经营过程中，企业随着扩张会寻求新的投资项目，也会不断产生新的资金需求。因此，融资不仅是经营活动的起点，同时还贯穿于企业整个生命周期。除企业正常经营活动产生的现金流，能满足企业一定的资金需求外，初创期和成长期的企业对资金的需求最为突出，且不同的阶段对融资的要求也不一样。

1. 企业发展阶段与融资需要

（1）初创期的融资目的：满足经营周转需要

资本金，是企业在登记注册时的注册资金。设立企业必须有资本金，它是企业进行生产经营、承担民事责任的重要保障。资本金在不同类型的企业中表现形式有所不同。一般地，企业投资者投入的资金被称为实收资本。对股份有限公司而言，其资本金被称为股本。

除了企业清算、减资、转让回购股权等特殊情形外,投资者不得随意从企业收回资本金,企业可以无限期地占用投资者的出资。

> **知识链接**
>
> 根据我国《中华人民共和国公司法》(以下简称《公司法》)等法律法规的规定,投资者可以采取货币资产和非货币资产两种形式出资。《新公司法》不再限制货币出资比例,取消了无形资产出资限额,意味知识产权可以100%作为注册资本注资,法律、行政法规规定不得作为出资的财产除外。

在企业日常生产经营活动运行期间,需要维持一定数额的资金,以满足营业活动的正常波动需求。这些都需要筹措相应数额的资金,来满足生产经营活动的需要。

(2)成长期的融资目的:满足发展需要

成长期的企业进入了快速发展周期,往往因市场行情看好而需要扩大生产经营规模,或因有新的投资项目需要大量资金进行对外投资。这一时期的资金需求主要有两类:一是现有生产规模的改进和扩大,引进技术、改进设备,提高固定资产的生产能力,培训工人,提高劳动生产率等;二是新项目的建设,如新建厂房、增加设备。无论是哪一种目的,都会引发企业对资金的需求。此外,企业还有可能由于战略发展和资本经营的需要,以联营投资、股权投资和债权投资等形式对外投资。

如果企业的原材料供应紧张,企业基于战略考虑可能倾向对原材料供应商进行股权投资，以保障材料的正常供应。比如，在澳大利亚铁矿石不断涨价的情况下，我国某些大型钢铁公司即采取对矿山进行股权投资的策略，积极应对铁矿石供应问题。这些投资行为都需要企业首先筹集足够的资金以做投资保障。

企业融资就是为了满足其经营活动、投资活动、资本结构调整等需要，运用一定的融资方式，筹措和获取所需资金的一种行为。

2. 企业融资管理的原则

从根本上讲，企业融资分为三类：股权融资、债务融资及混合性（衍生工具）融资。企业在进行融资规划时，应遵循以下基本原则，权衡资金的性质、数量、成本和风险，合理选择融资方式，提高筹集效果。

（1）合法合规筹措资金

企业的融资活动必须遵循国家的相关法律规范。发行债券要定期还本付息，发行股票则要履行信息披露义务，向公众募集的资金必须按照事前的承诺进行使用，要避免将募集资金改为他用的行为。

（2）注重优化资本结构

资本结构，简单地说，就是债务资本和股权资本的比例。不同的融资渠道和融资方式所取得的资金，其资本成本及风险各有差异。比如债券融资风险较高，股权融资成本较高。企业应当综合考虑通过不同融资方式进行融资的规模，优化资本结构的最终目标就是力求融资成本达到最低，并将风险控制在可接受的范围之内。这就必须正确处理好股权资金与债务资金的关系、长期资金与短期资金、内部融资与外部融资的比例和构成。

本书反复提到的一个观点是：资金是有成本的，尤其是从外部筹集的资金，其资金成本的代价都不容忽视。因此，企业融资并不是越多越好。融资首先要合理预测资金的需要量，并合理预测确定资金需要的时间，使融资规模与资金需要量基本一致。

二、融资起点：资金需求量预测

企业到底需要筹集多少资金呢？资金的需求量是融资的依据，必须科学合理地进行预测。融资数量预测的基本目的，是保证筹集的资金既能满足生产经营的需要，又不会产生多余资金而闲置。对于资金需求量的预测，可分为两种情形：一是满足生产经营需要的资金需求量预测，二是满足企业扩张需要的资金需求量预测。

1. 基于生产经营目的的资金需求量预测

对于持续经营的成长型企业，随着企业市场占有率的扩大，即产品销售量的扩大，对资金的需求会随之加大。有时仅靠盈利积累的内部资金难以满足生产经营的需求。在这种情况下，企业资金需求量的预测应以以前年度的销售量和资金习性为基础进行。以下是两种基本的预测方法。

（1）因素分析法

因素分析法又称分析调整法，是以有关项目基期年度的平均资金需求量为基础,根据预测年度的生产经营任务和资金周转加速的要求,进行分析调整,来预测资金需要量的一种方法。因素分析法的计算公式如下:

资金需求量=(基期资金平均占用额-不合理资金占用额)×(1±预测期销售增减率)×(1±预测期资金周转速度变动率)

好易控公司上年度资金平均占用额为2200万元,经分析,其中不合理部分为200万元,主要是原材料积压部分资金及某主要客户的应收账款未收回款项。公司本年度决定加强对原材料采购的控制,使原材料库存保持在合理范围,同时修订针对该欠款客户的销售政策,缩紧信用销售,减少应收账款金额。预计本年度销售增长5%,资金周转加速2%。

根据上述信息可以判断,好易控公司去年不合理资金占用情况今年能得到有效的控制。计算该公司本年的资金需求量为:

预测年度资金需要量=(2200-200)×(1+5%)×(1+2%)
=2142(万元)

因素分析法计算简便,容易掌握,但预测结果不太精确。它通常用于品种繁多、规格复杂、资金用量小的项目。

(2)资金习性预测法

资金习性预测法,是指根据资金习性预测未来资金需求量的一种方法。所谓资金习性,是指资金的变动同产销量变动之间的依存关系。按照资金同产销量之间的依存关系,可以把资金区分为不变资金和变动资金。

不变资金是指在一定的产销量范围内(比如企业现有产能范围内),不受产销量变动的影响而保持固定不变的那部分资金。也就是说,当产销量在一定范围内变动时,这部分资金保持不变。

具体包括：为维持营业而占用的最低数额的现金，原材料的保险储备，必要的产成品储备，厂房、机器设备等固定资产占用的资金。

变动资金是指随产销量的变动而同比例变动的那部分资金。它一般包括直接构成产品实体的原材料、辅助材料、外购件等占用的资金。另外，在最低储备以外的现金、存货、应收账款等也具有变动资金的性质。

资金习性预测法根据资金占用总额与产销量的关系预测资金需求量，首先根据历史上企业资金占用总额与产销量之间的关系，把资金分为不变和变动两部分，然后结合预计的销售量来预测资金需求量。

资金需求量＝不变资金需求量＋预测期销售额×单位产销量所需变动资金

好易控公司历年产销量和资金变化情况显示，公司年产销矩阵的能力在1.2万～1.6万台范围之间。其中不变资金为1000万元，矩阵单位产销量所需变动资金为每台700元。公司2009年的销售量为1.4万台矩阵，2010年预计产品销售量为1.5万台。

好易控公司2010年预计资金需求量为：

预测年度资金需求量＝1000+700×1.5=2050（万元）

进行资金习性分析，把资金划分为变动资金和不变资金两部分，从数量上掌握了资金同销售量之间的规律性，对准确地预测资金需求量有很大帮助。进行资金习性分析时需要注意的是：资金需求量与销售量之间的比例关系应符合实际情况；最好利用连续若干年的历史资料，一般要有3年以上的资料；同时应考虑价格等因素的变动情况。

2. 基于扩张目的的资金需求量预测

企业如果进入高速成长期，上述预测方法就不适用了。在扩张期的企业，通常表现出两个特征：

（1）产能和产量大幅度扩张

主要体现在产品的市场占有率有质的提高。比如由于产品质量上升使市场占有率提升，或由于新的战略发展取得稳定的大额客户需求，产量的增幅通常为原有产能的数倍。因此，不变资金的需求量会大幅增加。

（2）新的战略发展的需要

主要体现在企业因战略考虑进行产品产能扩张或多元化经营，比如对原有产品进行全面技术更新，包括设备的更新改造；再如进入新的领域，多元投资经营，这也是当前各国企业发展的特征。在这种情况下，都需要大量资金进行新品研发或新领域的前期投入。

对于企业而言，基于扩张目的的资金需求量预测，缺乏公司的历史数据作为基础，通常只能根据市场同行业同类项目的平均水平，确定扩张所需要的额外资金，这需要进行充分的市场调研和可行性论证，以确定资金需求量。公司传统项目资金需求量可按照前述方法进行预测。

3. 需从外部融集的资金

按资金的来源范围不同，企业融资分为内部融资和外部融资两种类型。

内部融资是指企业通过利润留存而形成的融资来源。内部融资数额的大小主要取决于企业可分配利润和利润分配政策（股利政策），一般无须花费融资费用，从而降低了资本成本。

外部融资是指企业向外部筹措资金而形成的融资来源。处于初创期的企业，内部融资的可能性是有限的；处于成长期的企业，内部融资往往难以满足需要。这就需要企业广泛地开展外部融资，如发行股票、债券，取得商业信用，向银行借款等。企业向外部融资大多需要花费一定的融资费用，从而提高了融资成本。企业融资时应首先利用内部融资，然后再考虑外部融资。本书重点讨论外部融资问题。

计算企业外部融资额时，首先应预计由于战略调整，及销售增长而需要的资金需求增长额，计算出企业需要增加的融资数量后，扣除利润留存，即为所需要的外部融资额。即：

外部融资需求量＝经营资产增加－经营负债增加－留存收益的增加

经营性资产包括库存现金、应收账款、存货等项目。随着销售额的变动，经营性资产项目将占用更多的资金。

同时，随着经营性资产的增加，相应的经营性短期债务也会增加，如存货增加会导致应付账款增加，此类债务称为"自动性债务"，可以为企业提供暂时性资金。经营性负债包括应付票据、应付账款等项目，不包括短期借款、应付债券、长期负债等融资性负债。

通常情况下，企业经营性资产与经营性负债的差额应当与销售额保持稳定的比例关系。如果企业资金周转的营运效率保持不变，经营性资产与经营性负债会随销售额的变动而呈正比例变动，保持稳定的百分比关系。企业应当根据历史资料和同业情况，剔除不合理的资金占用，寻找与销售额的稳定百分比关系。这一过程实际上是资金习性分析法的具体运用。

好易控公司2018年完成矩阵销售额为10000万元，销售净利率为10%，利润留存率为40%。2010年销售额预计增长20%。对于该部分产品的生产，公司有足够的生产能力，无须追加固定资产投资。根据历年矩阵生产、销售及资金占用情况可知，公司矩阵销售收入每增加1000元，必须增加500元的经营性资产（即经营性资金占用），但同时自动增加150元的经营性负债（即经营性资金资金来源）。

另外，公司准备将已基本完成研发的视频分析仪进行投产，根据市场调研分析预测，需要进行固定资产投资500万元。

第一步，计算好易控公司2019年的资金需求量：

好易控公司2019年的资金需求来自两部分，一是满足生产经营需要的资金。从上述资料可以看出，公司销售额增加导致的经营性资产增加和经营性负债增加，两者差额还有35%的资金需求。因此，每增加1000元的销售收入，公司必须取得350元的资金来源，销售额从10000万元增加到12000万元，按照35%的比率可预测将增加700万元的资金需求。另外，公司因扩张还需筹集的资金为500万元。

因此，公司2019年需要增加的资金量为1200万元。

第二步，计算可从内部融资的金额：

根据公司的股利政策，利润留存率为40%。2019年预计净利润为1200万元（12000×10%），利润留存为40%，则将有480万元（40%×1200）利润被留存下来。

第三步，计算公司需要从外部融资的需求量：

外部融资需求量 =1200-480=720（万元）

融资比例见图9-1。

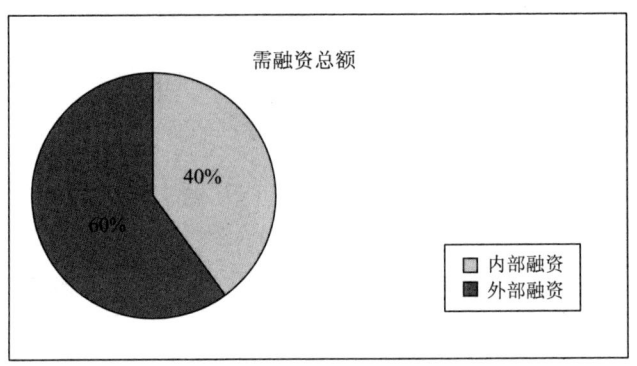

图 9-1　企业融资图

【提示】总经理只有对公司的历年财务状况及资金运用状况了然于心，才能对公司未来的资金需求量进行准确预测。只有知道了公司需要从外部融资的总额，才能进一步思考和选择合适的融资渠道，解决公司的资金问题。

三、传统的融资渠道和方式

企业的融资方式，取决于其法律环境、金融市场的制约以及企业性质。通常情况下，中小企业在筹集资金方面渠道更为有限；股份有限公司和有限责任公司的融资更为容易些。

1. 股权融资

股权融资形成企业的股权资金，也被称为权益资本，是企业最基本的融资方式。股票是股份有限公司为筹措股权资本而发行的有价证券，是公司签发的证明股东持有公司股份的凭证。股票作为一种所有权凭证，代表着股东对发行公司净资产的所有权。股票只能由股份有限公司发行。股东最基本的权利是按投入公司的股份额，依法享有公司收益获取权、公司重大决策参与权和选择公司管理者的权利，并以其所持股份为限对公司承担责任。按股东权利和义务，分为普通股股票和优先股股票。

普通股股票简称"普通股"，是公司发行的代表着股东享有平等的权利义务、不加特别限制的、股利不固定的股票。普通股是最基本的股票，股份有限公司通常情况下只发行普通股。

优先股股票简称"优先股"，是公司发行的相对于普通股具有一定优先权的股票。其优先权利主要表现在股利分配优先权和分取剩余财产优先权上。优先股股东在股东大会上无表决权，在参与公司经营管理上受到一定限制，仅对涉及优先股权利的问题有表决权。

（1）股权融资的优点

◇可以作为企业的本钱。股权资本没有固定的到期日，无须偿还，是企业的永久性资本，除非企业清算时才有可能予以偿还。这对于保障企业对资本的最低需求、促进企业长期持续稳定经营具有重要意义。

◇可以建立良好信誉。股权资本作为企业最基本的资本，代表了公司的资本实力，是企业与其他单位开展经营业务、进行业务活动的信誉基础。同时，股权资本也是其他方式融资的基础，尤其可为债务融资（包括银行借款、发行公司债券等）提供信用保障。

◇企业财务风险较小。股权资本不用在企业正常运营期内偿还，不存在还本付息的财务风险。相对于债务资本而言，股权资本融资限制少，资本使用上也无特别限制。另外，企业可以根据其经营状况和业绩的好坏，决定向投资者支付报酬的多少，资本成本负担比较灵活。

（2）股权融资的缺点

◇资本成本负担较重。尽管股权资本的资本成本负担比较灵活，但一般而言，股权融资的资本成本要高于债务融资。这主要是由于投资者投资于股权，特别是投资于股票的风险较高，投资者或股东相应要求得到较高的报酬率。企业如果长期不派发利润和股利，将会影响企业的市场价值。从企业成本开支的角度来看，股利、红利从税后利润中支付，而使用债务资本的资本成本允许税前扣除。此外，普通股在发行、上市等方面的费用也十分庞大。

◇容易分散企业的控制权。利用股权融资，由于引进了新的投资者或出售了新的股票，必然会导致企业控制权结构的改变，分散了企业的控制权。控制权的频繁迭变，势必要影响企业管理层的人事变动和决策效率，影响企业的正常经营。

◇信息沟通与披露成本较大。投资者或股东作为企业的所有者，有了解企业经营业务、财务状况、经营成果等的权利。企业需要通过各种渠道和方式加强与投资者的关系管理，保障投资者的权益。特别是上市公司，其股东众多而分散，只能通过公司的公开信息披露了解公司状况，这就需要公司花更多的精力，用于公司的信息披露和投资者关系管理。

2. 债务融资

债务融资主要是企业通过向银行借款、向社会发行公司债券、融资租赁以及赊购商品或劳务等方式筹集和取得的资金。向银行借款、发行债券、融资租赁和商业信用,是债务融资的基本形式。其中不足1年的短期借款在企业经常发生,与企业资金营运有密切关系。下面分别讨论各种债务融资的方式及优缺点。

(1) 银行借款

银行借款是指企业向银行或其他非银行金融机构借入的、需要还本付息的款项,包括偿还期限超过1年的长期借款和不足1年的短期借款,主要用于企业购建固定资产和满足流动资金周转的需要。

1) 银行借款的程序

一般情况下,企业取得银行借款需要经过以下程序(见图9-2):

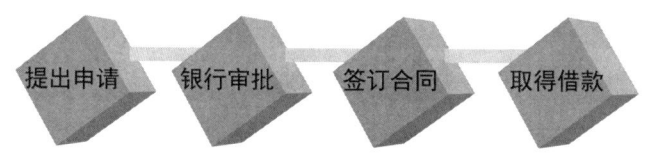

图9-2 银行借款程序

企业提出申请后,银行将按照有关政策和贷款条件,对借款企业进行信用审查,依据审批权限,核准公司申请的借款金额和用款计划。银行审查的主要内容是:公司的财务状况;信用情况;盈利的稳定性;发展前景;借款投资项目的可行性;抵押品和担保情况。

借款合同签订后,企业在核定的贷款指标范围内,根据用款计划和实际需要,一次或分次将贷款转入公司的存款结算户,以便使用。

2）银行借款的保护性条款

由于银行等金融机构提供的长期贷款金额高、期限长、风险大，因此，除借款合同的基本条款之外，债权人通常还会在借款合同中附加各种保护性条款，以确保企业按要求使用借款和按时足额偿还借款。保护性条款一般有以下三类：

◇例行性保护条款。如要求定期向提供贷款的金融机构提交财务报表，以使债权人随时掌握公司的财务状况和经营成果；不准在正常情况下出售较多的非产成品存货，以保持企业正常生产经营能力；如期清偿应缴纳税金和其他到期债务，以防被罚款而造成不必要的现金流失；不准以资产作其他承诺的担保或抵押；不准贴现应收票据或出售应收账款，以避免或有负债等。

◇一般性保护条款。一般性保护条款，是对企业资产的流动性及偿债能力等方面的要求条款，这类条款应用于大多数借款合同，主要包括：保持企业的资产流动性，如要求企业需持有一定最低限度的货币资金及其他流动资产，以保持企业资产的流动性和偿债能力；限制企业非经营性支出，如限制支付现金股利、购入股票和职工加薪的数额规模，以减少企业资金的过度外流；限制企业资本支出的规模。控制企业资产结构中的长期性资产的比例，以减少公司日后不得不变卖固定资产以偿还贷款的可能性；限制公司再举债规模及限制公司的长期投资等。

◇特殊性保护条款。这类条款是针对某些特殊情况而出现在部分借款合同中的条款，只有在特殊情况下才能生效。主要包括：要求公司的主要领导人购买人身保险；借款的用途不得改变；违约惩罚条款等。

上述各项条款结合使用，将有利于全面保护银行等债权人的权益。但同时也使企业在资金使用上受到很多束缚，并增加了小企业取得借款的难度。

3）银行借款的融资特点

采用银行借款进行融资的特点主要表现在以下几个方面：

◇融资速度快。与发行债券、融资租赁等债权融资方式相比，银行借款的程序相对简单，所花时间较短，公司可以迅速获得所需资金。

◇资本成本较低。利用银行借款融资，比发行债券和融资租赁的利息负担要低。而且，无须支付证券发行费用、租赁手续费用等融资费用。

◇融资弹性较大。在借款之前，公司根据当时的资本需求，与银行等贷款机构直接商定贷款的时间、数量和条件。在借款期间，若公司的财务状况发生某些变化，也可与债权人再协商，变更借款数量、时间和条件，或提前偿还本息。因此，借款融资对公司具有较大的灵活性，特别是短期借款更是如此。

◇限制条款多。与债券融资相比较，银行借款合同对借款用途有明确规定，通过借款的保护性条款，对公司资本支出额度、再融资、股利支付等行为有严格的约束，公司以后的生产经营活动和财务政策必将受到一定程度的影响。

◇融资数额有限。银行借款的数额往往受到贷款机构资本实力的制约，不可能像发行债券、股票那样一次筹集到大笔资金，无法满足公司大规模融资的需要。

（2）发行债券

企业债券又称公司债券，是企业依照法定程序发行的、约定在一定期限内还本付息的有价证券。债券是持有人拥有公司债权的书面证书，它代表持券人同发债公司之间的债权债务关系。

在我国，根据《公司法》的规定，股份有限公司、国有独资公司和两个以上的国有公司，或者两个以上的国有投资主体投资设立的有限责任公司，具有发行债券的资格。

按是否能够转换成公司股权，债券分为可转换债券与不可转换债券。

可转换债券，债券持有者可以在规定的时间内按规定的价格转换为发债公司的股票。这种债券在发行时，对债券转换为股票的价格和比率等都做了详细规定。《公司法》规定，可转换债券的发行主体是股份有限公司中的上市公司。

不可转换债券，是指不能转换为发债公司股票的债券，大多数公司债券属于这种类型。

企业采取发行公司债券进行融资主要具备以下几个特点：

1）一次融资数额大

利用发行公司债券融资，能够筹集大额的资金，满足公司大规模融资的需要。这是在银行借款、融资租赁等债权融资方式中，企业选择发行公司债券融资的主要原因，也能够适应大型公司经营规模的需要。

2）有利于提高公司的社会声誉

公司债券的发行主体，有严格的资格限制。发行公司债券，往往是股份有限公司和有实力的有限责任公司所为。通过发行公司债券，一方面筹集大量资金，另一方面也可扩大公司的社会影响。

3）筹集资金的使用限制条件少

与银行借款相比，债券融资筹集资金的使用具有相对的灵活性和自主性。特别是发行债券所筹集的大额资金，能够用于流动性较差的长期资产上。从资金使用的性质来看，银行借款一般期限短、额度小，主要用途为增加适量存货、增加小型设备等；反之，期限较长、额度较大，用于公司扩展、增加大型固定资产和基本建设投资的需求多采用发行债券方式。

4）资本成本的负担固定

尽管公司债券的利息比银行借款高，但公司债券的期限长、利率相对固定。在预计市场利率持续上升的金融市场环境下，发行公司债券融资，能够锁定资本成本。

5）发行资格要求高，手续复杂

发行公司债券，实际上是公司面向社会负债，债权人是社会公众，因此国家为了保护投资者利益，维护社会经济秩序，对发债公司的资格有严格的限制。从申报、审批、承销到取得资金，需要经过众多环节和较长时间。

6）资本成本较高

相对于银行借款融资，发行债券的利息负担和融资费用都比较高。而且债券不能像银行借款一样进行债务展期，加上大额的本金和较高的利息，在固定的到期日，将会对公司现金流量产生巨大的财务压力。

公司发行债券要由董事会制定方案，股东大会作出决议。同时需要提出申请，最终由国务院证券管理部门批准。因此对于小规模企业而言，发行债券并不是一项能广泛使用的融资渠道。

知识链接

根据我国《公司法》等法律法规的规定，公司申请发行债券由国务院证券管理部门批准。证券管理部门按照国务院确定的公司债券发行规模，审批公司债券的发行。公司申请应提交公司登记证明、公司章程、公司债券募集办法、资产评估报告和验资报告。

(3) 融资租赁

租赁，是指通过签订资产出让合同的方式，使用资产的一方（承租方）通过支付租金，向出让资产的一方（出租方）取得资产使用权的一种交易行为。在这项交易中，承租方通过得到所需资产的使用权，完成了筹集资金的行为。租赁分为融资租赁和经营租赁。

夏季来临，北京"凉爽"冷饮制造公司的产品销量日渐增加，现有生产线难以满足市场需求。但公司规模较小，难以采用银行借款及股票、债券融资模式。公司找到一家冷饮生产设备租赁商，提出了两个方案：第一种方案，在夏季临时租赁冷饮生产线4个月，公司支付租金，4个月后归还设备；第二种方案，公司租赁该设备2年，2年内的租金包含设备价款、利息费用等相关费用，2年到期后设备归"凉爽"公司所有。

其中，第一种方案叫作经营租赁，第二种方案叫作融资租赁。

经营租赁是由租赁公司向承租单位在短期内提供设备，并提供维修、保养、人员培训等的一种服务性业务，又称为服务性租赁。经营租赁的特点主要是：

◇租赁期较短，短于资产的有效使用期，在合理的限制条件内承租企业可以中途解约。

◇租赁设备的维修、保养由租赁公司负责。

◇租赁期满或合同中止以后，出租资产由租赁公司收回。经营租赁比较适用于租用技术过时较快的生产设备。

融资租赁是由租赁公司按承租单位的要求出资购买设备，在较长的合同期内提供给承租单位使用的融资信用业务，它是以融通资金为主要目的的租赁。融资租赁的主要特点是：

◇租赁期较长，接近于资产的有效使用期，在租赁期间双方无权取消合同。

◇由承租企业负责设备的维修、保养。

◇租赁期满，通常采用企业留购办法，即以很少的"名义价格"（相当于设备残值）买下设备。

1）融资租赁的基本形式

◇直接租赁。直接租赁是融资租赁的主要形式，承租方提出租赁申请时，出租方按照承租方的要求选购，然后再出租给承租方。

◇售后回租。售后回租是指承租方由于急需资金等各种原因，将自己的资产售给出租方，然后以租赁的形式从出租方原封不动地租回资产的使用权。在这种租赁合同中，除资产所有者的名义改变之外，其余情况均无变化。

◇杠杆租赁。杠杆租赁是指涉及承租人、出租人和资金出借人三方的融资租赁业务。一般来说，当所涉及的资产价值昂贵时，出租方自己只投入部分资金，通常为资产价值的20%～40%，其余资金则通过将该资产抵押担保的方式，向第三方（通常为银行）申请贷款解决。租赁公司然后将购进的设备出租给承租方，用收取的租金偿还贷款，该资产的所有权属于出租方。出租人既是债权人也是债务人，如果出租人到期不能按期偿还借款，资产所有权则转移给资金的出借者。

2）融资租赁的特点

◇能迅速获得所需资产。融资租赁集"融资"与"融物"于一身，融资租赁使企业在资金短缺的情况下引进设备成为可能。特别是针对中小企业、新创企业而言，融资租赁是一条重要的融资途径。

有时，大型企业对于大型设备、工具等固定资产，也需要融资租赁解决巨额资金的需要，如商业航空公司的飞机，大多是通过融资租赁取得的。

◇财务风险小。融资租赁与购买的一次性支出相比，能够避免一次性支付的负担，而且租金支出是未来的、分期的，企业无须一次筹集大量资金偿还。还款时，租金可以通过项目本身产生的收益来支付，是一种基于未来的"借鸡生蛋、卖蛋还钱"的融资方式。

◇限制条件较少。企业运用股票、债券、长期借款等融资方式，都受到相当多的资格条件的限制，如足够的抵押品、银行贷款的信用标准、发行债券的政府管制等。相比之下，租赁融资的限制条件很少。

◇租赁能延长资金融通的期限。通常为设备而贷款的借款期限比该资产的物理寿命要短得多，而租赁的融资期限却可能接近其全部使用寿命期限；并且其金额随设备价款金额而定，无融资额度的限制。

◇资本成本高。其租金通常比举借银行借款或发行债券所负担的利息高得多，租金总额通常要高于设备价值的30%。尽管与借款方式比，融资租赁能够避免到期一次性集中偿还的财务压力，到高额的固定租金也给各期的经营带来了分期的负担。

【点评】债务融资的最大缺点在于财务风险较高。而且由于债务融资通常要求企业具有相当的资产规模和经营规模，中小企业在股票、债券融资方面均存在一定的困难。当企业具有较高行业知名度和市场占有率后，这些方面能更好地为企业所运用。

四、风投资本：值得中小企业关注的融资渠道

1999年年初，马云在杭州创办一家能为全世界中小企业服务的电子商务站点。马云和最初的创业者一起共集资了50万元，在马云位于杭州湖畔花园的100多平方米的家里，阿里巴巴诞生了。阿里巴巴成立初期，公司是小到不能再小，18个创业者往往是身兼数职。好在网站的建立让阿里巴巴开始逐渐被很多人知道。

就在阿里巴巴刚刚有了一定名气的时候，公司也遇到了资金上的危机：公司账上没钱了。幸好在这个时候，以高盛为主的一批投资银行向阿里巴巴投资了500万美元，正是这一笔"天使基金"，让公司转危为安，化险为夷。

1999年年底，马云获得日本软银2000万美元的风险投资，这笔资金帮助阿里巴巴度过了自2000年4月起，互联网公司长达两年的熊市寒冬。2004年2月17日，马云在北京宣布，阿里巴巴再次获得了8200万美元的巨额战略投资，这是当时国内互联网行业金额最大的一笔私募投资。2007年11月6日，阿里巴巴在香港联交所正式挂牌上市，正式登上了全球资本市场舞台。2014年9月19日，阿里巴巴在纽约证券交易所正式挂牌上市。2018年7月19日，全球同步《财富》世界500强排行榜发布，阿里巴巴集团排名300位。2018年12月，阿里巴巴入围2018年世界品牌500强。2019年6月6日，阿里巴巴提交上市公司年报显示，2019年阿里巴巴集团财务收入达3768.44亿元。

帮助马云战胜行业萧条并最终获得成功的就是风险资本。总经理应该注意的是：是风险资本跟着优秀的企业家走，企业家不能跟着风险资本走。风险资本在当今资本市场已经发挥着越来越大的作用。

1. 风险资本的概念

风险资本是指由专业投资人提供给快速成长，并且具有很大升值潜力的新兴公司的一种资本。风险资本通过购买股权、提供贷款或既购买股权又提供贷款的方式进入这些企业。

风险投资虽然是一种股权投资，但投资的目的并不是为了获得企业的所有权，不是为了控股，更不是为了经营企业，而是通过投资和提供增值服务把投资企业作大，然后通过公开上市（IPO）、兼并收购或其他方式退出，在产权流动中实现投资回报。

风险投资人帮助企业成长，但他们最终寻求渠道将投资撤出，以实现增值。风险资本从投入被投资企业起到撤出投资为止，所间隔的时间长短就称为风险投资的投资期限。作为股权投资的一种，风险投资的期限一般较长。其中，创业期风险投资通常在 7～10 年内进入成熟期，而后续投资大多只有几年的期限。

2. 风险投资的特点

风险投资的产业领域主要是高新技术产业。以美国为例，1992 年风险投资电脑和软件占 27%；其次是医疗保健产业，占 17%；再次是通信产业，占 14%；生物科技产业占 10%。其投资对象多为处于创业期的中小型企业，而且多为高新技术企业。其特点主要有：

◇投资期限至少 3～5 年以上，投资方式一般为股权投资，通常占被投资企业 30% 左右股权，而不要求控股权，也不需要任何担保或抵押；

◇投资决策建立在高度专业化和程序化的基础之上；

◇风险投资人一般积极参与被投资企业的经营管理,提供增值服务;

◇除了种子期融资外,风险投资人一般也对被投资企业以后各发展阶段的融资需求予以满足;

◇由于投资目的是追求超额回报,当被投资企业增值后,风险投资人会通过上市、收购兼并或其他股权转让方式撤出资本,实现增值。

对于高科技创新企业来说,风险投资是一种昂贵的资金来源,但是它也许是唯一可行的资金来源。银行贷款虽然说相对比较便宜,但是银行贷款回避风险,安全性第一,高科技创新企业很难得到此类贷款。

3. 如何吸引风险投资商

有很多企业主动去找风险投资商,但风险投资商却表示不感兴趣,跟你谈十分钟就觉得没戏。总经理不理解,自己的企业这么好,风险投资商听了看了怎么都没有反应?风险投资的关注点在哪里?

(1)管理团队

管理团队,即人的因素。尤其在一些新兴技术行业,这个团队基本上决定了公司的成败。一些成立时间非常短的公司,在行业里面也有非常丰富的经验,在三五年创造了很多奇迹,是很多企业家努力二三十年都没有办法达到的。

而在传统行业,企业家的风格相对保守稳健,传统行业本身的发展也是一个稳健的过程,这个过程有一些硬性的规律,很难快速地超越。企业以比较务实的态度经营,尽量在行业中领先,在得到行业机会的同时，得到风险投资商青睐的机会就会更多。

（2）商业模式

商业模式始终是跳不开的重要话题。如果商业模式经常变化，说明企业还不成熟，也往往不可能做大。在不同的细分行业，比如电子行业，竞争非常激烈，如果没有足够的定力就很难成功。

企业如果想赚长远的利润，在同行中争取更高利润水平，更持续地高水平成长，那一定有"秘密武器"，这个武器往往会体现在技术上。目前，我国大多数公司只是一些技术应用的开发，很容易遭遇模仿和抄袭。总经理需要将产品和渠道模式巧妙地组合在一起，通过三五年的发展和固化来强化自己的竞争力，并形成自己特有的商业模式，从而在行业中脱颖而出。

4. 让风险投资商找上门来

目前美国风险投资领域呈现出三大新趋势：风险投资规模越来越大、投资目标开始转向成熟公司、更加关注美国之外的市场。企业吸引风险投资商当然首先要有政策支持作保证，在企业层面可以采取的举措主要有：

◇加大技术创新投入，利用资源优势，进行满足市场多样化需求的产品和服务升级，形成具有独特创意和高成长性的项目，并对项目的技术可行性、经济性进行必要论证，这是吸引风险投资的关键；

◇进行管理创新和制度创新，提升管理水平，强化管理团队，明晰产权，完善财务管理制度，使企业运作更高效、更规范、更透明；

◇培育以创新和诚信为核心的企业文化，提高员工素质，引进专业人才，鼓励创新，树立品牌意识和诚信意识，形成团结奋进的创业团队；

◇在具体实施阶段，撰写高质量的商业计划书，真实评估项目成长性、盈利性、市场状况预测、生产营销计划等，使投融资双方对项目有更加深入全面的了解；

◇与投资者合作阶段，本着平等互利、友好协商原则，主动协助风险投资管理和退出，维护合法权益，建立友好关系，形成吸引投资者的良性循环。

五、打好政策仗：寻求政策性融资

中小企业融资还有一条值得关注的渠道，即国家的政策性支持。随着我国社会主义市场经济的飞速发展和国有企业改革的进一步深入，中小企业在保证国民经济持续健康发展、推动技术创新和增加就业机会、维护社会稳定等各个方面发挥着越来越重要的作用，而中小企业的融资问题已引起整个社会的广泛关注。值得企业关注的主要政策性融资项目有如下几种。

1.中小企业技术创新基金

1999年，科技部、财政部联合制定并启动了科技型中小企业技术创新基金，这是一项专门用于科技型中小企业技术创新活动的政府专项基金，旨在以促进科技成果转化，引导社会支持企业创新。

（1）中小企业技术创新基金的性质

科技型中小企业技术创新基金是一项政策性风险基金，不以自身盈利为目的，它在企业发展和融资过程中主要起一个引导作用。该项基金重点支持处在产业化初期、技术含量较高、市场前景较好、风险较大的科技型中小企业。

因此对于创业初期的中小企业，当企业结构、规模、财务状况等各个方面还远远达不到证券市场的要求时，创造条件争取政策性基金的支持是不可忽视的融资渠道之一。

（2）申请中小企业技术创新基金的条件

项目的企业应具备条件：

◇具备独立企业法人资格。

◇主要从事高新技术产品的研究、开发、生产和服务业务，申请支持的项目必须在其企业法人营业执照规定的主营范围内。

◇领导班子有较强的市场开拓能力和较高的经营管理水平，并有持续创新的意识。

◇职工人数不超过500人；具有大专以上学历的科技人员占职工总数的比例不低于30%，直接从事研究开发的科技人员占职工总数的比例不低于10%。

◇有良好的经营业绩，资产负债率不超过70%；每年用于高新技术产品研究开发的经费不低于销售额的5%。申请当年注册的新办企业不受此款限制。

◇有健全的财务管理机构、严格的财务管理制度和合格的财务管理人员。

重点支持的项目：

◇相关高新技术领域中自主创新性强、技术含量高、具有竞争力、市场前景好、在经济结构调整中发挥重要作用、具有自主知识产权的研究开发项目；

◇科技成果转化，特别是"863"计划、攻关计划、重大科技专项相关成果的产业化项目，以及利用高新技术改造传统产业的项目。

◇人才密集、技术关联性强、附加值高的直接促进、支撑、服务于产业发展的高技术服务业的项目。

◇具有一定技术含量，在国际市场上有较强竞争力，以出口为导向的项目，特别是具有我国传统优势，加入WTO后能带来更多市场机遇的项目。

◇有一定基础的初创期的科技型中小企业、尤其是科技孵化器内企业的项目，海外留学人员回国创办企业的项目。

重点支持的企业：

◇技术水平高、持续创新能力强、管理科学、产品市场前景好和成长性好的企业。

◇科技人员或海外留学人员携带具有良好产业化前景的高新技术项目创办的企业。

到目前为止，创新基金已扶持中小企业风险投资项目1770多个，投入财政资金13亿元。电子信息领域占32%，生物医药领域24%，新材料占20%，光机电一体化18%。

2.中小企业发展专项资金

中小企业技术创新基金主要针对科技型创新企业或高新技术企业。2004年，财政部、国家发改委颁布了《中小企业发展专项资金管理暂行办法》，2016年12月修订颁布《中小企业发展专项资金管理办法》以促进中小企业发展。

（1）中小企业发展专项资金的性质

中小企业发展专项资金（以下简称"专项资金"）是根据《中华人民共和国预算法》《中华人民共和国中小企业促进法》，由中央财政预算安排主要用于支持中小企业发展环境、引导地方扶持中小企业发展的资金等方面的专项资金（不含科技型中小企业技术创新基金）。

（2）中小企业发展专项资金的支持方式

专项资金的支持方式采用无偿资助、投资补助、政府购买服务等方式。

（3）中小企业发展专项资金的资助范围

专项资金支持范围包括：

◇小微企业创业创新基地城市示范；

◇中小企业参加重点展会、完善中小企业公共服务体系、中小企业创新活动、融资担保及国内贸易信用保险等；

◇其他促进中小企业发展的工作。

中小企业发展专项资金支持企业的范围因地区存在一定的差异，总经理需要关注地方政府发布的相关信息，并尽量创造条件以获得政府支持。

总经理还应关注各地为促进中小企业发展而颁布的各种地方性优惠政策。总之，打好政策仗，是解决企业融资问题不容忽视的重要渠道。总经理尤其要具有宏观意识和政策意识，多渠道为企业赢得机会！

知识链接 ● ● ●

《2018年度北京市支持中小企业发展专项资金项目申报指南》规定，2018年重点支持方向：

◇改善中小企业融资环境项目：重点支持融资租赁机构为中小微企业提供融资租赁服务项目；担保机构、再担保机构为小微企业提供融资担保服务的项目。

◇中小企业服务体系建设项目：符合认定标准的中小企业公共服务平台、小型微型企业创业创新基地建设项目；北京市中小企业公共服务平台网络联网窗口平台服务奖励项目。

六、重视资本成本，优化资本结构

当企业发展到一定的规模，各种融资手段都能方便运用时，总经理就需要考虑资本成本及资本结构了，不同类型的融资方式其资本成本是不一样的，同时也导致了企业的资本结构发生变化。

资本结构是指企业资本总额中各种资本的构成及其比例关系。融资管理中，资本结构有广义和狭义之分。广义的资本结构包括全部债务与股东权益的构成比率；狭义的资本结构则指长期负债与股东权益资本的构成比率。狭义资本结构下，短期债务作为营运资金来管理。本书所指的资本结构通常仅是狭义的资本结构，也就是债务资本在企业全部资本中所占的比重。

不同的资本结构会给企业带来不同的后果。企业利用债务资本进行举债经营具有双重作用，既可以发挥财务杠杆效应，也可能带来财务风险。因此企业必须权衡财务风险和资本成本的关系，确定最佳的资本结构。

1. 负债的财务杠杆效应

　　武汉超纯公司打算融资5000万元以备企业扩张需要。公司有两种方案：第一，以公司现有资产做抵押向银行贷款，年利率为6%；第二，向职工及联营各方定向发行股份。为鼓励大家积极购买股份，公司承诺年分红比例不低于7%。经准确测算，企业扩张后公司明年的息税前利润能达到2000万元。公司所得税率为25%。哪种方案对企业更有利呢？

　　通常情况下，由于股权投资承担的风险更高，因此股东会要求比债权人更高的投资回报，正所谓风险与报酬成正比。因此，超纯公司制定的7%的分红比例是合情合理的。那么融资方案会对超纯公司的留存收益产生怎样的影响呢？我们结合表9-1来看一下。

表9-1　不同融资方式对企业留存收益的影响分析

单位：万元

	债务融资方案	股权融资方案
息税前利润	2000	2000
减：财务费用	300	0
税前利润（利润总额）	1700	2000
减：所得税（25%）	425	500
净利润	1275	1500

续表

	债务融资方案	股权融资方案
减：股利分配	0	350
未分配利润	1275	1150

在第一种债务融资模式下，利息费用300万元在税前扣除，导致企业利润总额减少300万元，这项费用进一步使企业的所得税减少75万元，即通常所说的"税收挡板"作用。支付利息后，企业的净利润可全部留存在企业内部。

在第二种股权融资模式下，企业的红利支出不是费用，不能在税前扣除，息税前利润即企业利润总额，需要全额缴纳所得税。股利分配只能用缴纳所得税后的净利润进行分配，由于股权融资支付的成本较高，最终导致留存在企业的未分配利润为1150万元。

显然，负债经营具有财务杠杆的作用，利用负债可以借助于税收挡板效应，使企业少交税，扩大留存在企业内部的利润。当然，如果企业不能到期偿还债务，企业的财务风险就增大了。因此可以说，财务杠杆是一把双刃剑，它能给企业带来节税的利益，也增加了企业的财务风险。

2. 资本结构优化

资本结构优化，就是要求企业权衡负债的低资本成本和高财务风险的关系，确定合理的资本结构。资本结构优化的目标，是降低平均资本成本率或提高普通股每股收益。

评价企业资本结构最佳状态的标准，应该是能够提高股权收益或降低资本成本，最终目的是提升企业价值。通常用每股收益的变化来判断资本结构是否合理，即能够提高普通股每股收益的资本结构，就是合理的资本结构。在资本结构管理中，利用债务资本的目的之一，就在于债务资本能够提供财务杠杆效应，利用负债融资的财务杠杆作用能够增加股东财富。

每股收益（EPS）＝净利润÷普通股股数

某公司目前资本结构为：总资本1000万元，其中债务资本400万元（年利息40万元），普通股资本600万元（600万股，面值1元，市价5元）。企业由于有一个较好的新投资项目，需要追加融资300万元，有两种融资方案：

甲方案：向银行取得长期借款300万元，利息率16%。

乙方案：增发普通股100万股，每股发行价3元。

根据财务人员测算，追加融资后销售额可望达到1200万元，变动成本率为60%，固定成本为200万元，所得税率为20%，不考虑融资费用因素。

表9-2 融资方案选择分析

单位：万元

	甲方案 （总股本600万股）	乙方案 （总股本700万股）
销售收入	1200	1200
减：固定成本	200	200
减：变动成本	720（1200×60%）	720（1200×60%）
息税前利润	280	280
减：财务费用	88（40+300×16%）	40

续表

	甲方案 （总股本 600 万股）	乙方案 （总股本 700 万股）
税前利润（利润总额）	192	240
减：所得税（20%）	38.4	48
净利润	153.6	192
每股收益	0.256	0.274

结合表 9-2，从分析可知，采用乙方案的每股收益更高，且通过财务股权融资，企业的财务风险更小。与前例相比，本案例因采用溢价增资扩股，股本增加的比例低于资产增加的比例。试想想，如果该公司按面值每股 1 元共发行 300 万股，乙方案的每股收益又是多少？

如果按面值发行 300 万股，每股收益降为 0.213 元（192÷900），远远低于甲方案。这时采用甲方案融资就更佳了。

当然，有时候企业还可以将几种融资方式结合起来，以达到降低企业财务风险、优化企业资本结构、提高股东报酬率的目的。因此，对于总经理而言，必须了解各种融资方式的利弊及各种融资方式的资本成本。只有清楚了资本成本，才能做出正确的决策和判断！

第十章

企业投资决策

当公司积累到一定程度时,投资问题应运而生。对外投资是福是祸,依赖于总经理的科学决策。明确公司的投资目标,关注项目投资的风险和现金流,计算项目的回报率,是总经理进行决策时必不可少的知识。投资的最终目的是稳定扩大主营产品的竞争能力并寻找机会进入具有更高增加值的新领域。

一、案例分析：比亚迪"帝国建造"

对外投资是福是祸，依赖于总经理的科学决策。明确公司的投资目标，关注项目投资的风险和现金流，计算项目的回报率，是总经理进行决策时必不可少的知识。企业投资的最终目的无外乎两个：稳定扩大主营产品的竞争能力和市场占有率；寻找机会进入具有更高增加值的新领域。

比亚迪的"帝国建造"过程为我们提供了一个经典案例。

2002年和2007年，比亚迪和比亚迪电子（国际）分别在香港主板发行上市。截至2007年底，公司总资产额近300亿元人民币，净资产超过120亿元人民币。2008年9月27日，"股神"巴菲特旗下公司中美能源控股公司宣布以每股8港元的价格认购比亚迪2.25亿股股份，交易总金额约为18亿港元或相当于2.3亿美元。巴菲特投资代表了对比亚迪品牌价值的认可。

比亚迪公司1995年2月初创立时注册资本仅250万元人民币，员工为20人左右，在短短15年内，比亚迪就从一个名不见经传的小公司发展成为拥有多家上市公司的集团公司。2010年，比亚迪被美国《商业周刊》评为全球最具创新力企业50强第8名，在入选的中国企业中排第一位，并被评为全球"科技100强"第一名。2011年6月30日在A股上市。2016年8月比亚迪股份公司在"2016中国企业500强"中排名175位。2017年11月8日，比亚迪入选时代影响力·中国案例TOP30。2018年9月2日，排名155位。比亚迪创造奇迹的过程实质上就是投资成功的典型案例。

比亚迪的投资扩张过程表现出以下特征：

（1）对内投资以技术研发为核心推动市场开拓

比亚迪创立时期的营业执照上显示，公司以生产电池为主业。比亚迪的电池业务的发展过程体现了公司对内投资的核心思路，即技术研发。电池产品的技术研发一直是比亚迪的投资重点。对其主业产品电池的研发过程贯穿了公司的整个发展历程：

1997年，公司自主研发生产锂离子电池成功，并且很快投入批量生产。2000年，先后成为摩托罗拉和诺基亚的第一个中国锂离子电池供应商。

2001年，公司自主研发的镍镉电池成功，产量达到2.5亿支。

2003年，对镍镉电池进一步改造，开发独特的氧化镉负极化学活化处理工艺，改善了镉负极的活性，提高了电池的复合氧能力，得到了BLACK和DECKER客户的认可，当年镍镉电池产量达到4.0亿支。

2003年8月，上海工厂投产，公司开始从事动力电池和电脑电池的研发。

【总结】比亚迪主营业务突出，通过技术研发加强主营业务的技术含量和市场占有率，不仅使企业产品获得了长久生命力，还使企业获得海外大客户，开拓了国际市场。

（2）对外投资多元化经营，进入新的高增长领域

多元化经营是企业扩张的必经之路。2003年1月，比亚迪公司跨行业收购西安秦川汽车有限责任公司，成立了比亚迪汽车有限公司，进军汽车领域。比亚迪在汽车领域的扩张和投资，也充分体现了公司清晰的投资理念：以电动汽车的主要设备电池为突破点，与企业传统主营业务的拓展有机结合，坚持以自主品牌和技术创新取胜。

2003 年，比亚迪收购北京吉驰汽车模具有限公司。2004 年 7 月 17 日，上海比亚迪汽车检测中心竣工。2006 年，比亚迪汽车累计完成销量 63153 辆，同比增长 472%，成为增长最快的自主汽车企业。

顺应国际新能源趋势，比亚迪进入电动车研发领域。2006 年 6 月，比亚迪自主研发的纯电动轿车 F3e 研发成功，成功搭载 ET-POWER 技术的铁动力电池，实现零污染、零排放、零噪音的三无目标，续航里程达 350 千米，标志着比亚迪纯电动汽车技术处于世界领先地位。

2009 年 7 月 24 日，比亚迪成功收购了湖南美的客车制造有限公司的全部股权。

【总结】比亚迪的"帝国建造"过程提供了企业投资的经典案例，可以看出，比亚迪的扩展一直未脱离公司的主营业务，即使进入汽车领域也是以电动车电池研发为依托和根本。作为高科技公司，科技创新和研发投资一直是比亚迪投资的重要内容，科技创新的投资提升了比亚迪主营产品的市场竞争力，而市场扩张也为研发投资提供了重要的资金保障。比亚迪的多元化经营投资则很好地把握了政策环境和国家发展趋势。随着我国经济增长，国富民强为汽车行业提供了巨大的潜在市场，而国家发展新能源新环保的政策使比亚迪进入电动汽车的研发领域，并获得政府的研发补助。比亚迪不仅成功地避免了政策性风险，而且响应国家政策的产品定位模式,这为企业提供了政策性收益。主营业务扩张和新型业务开拓的投资均获得了巨大成功,值得总经理借鉴!

二、对外投资:福兮?祸兮?

2010年10月25日,中国铁建发布公告称,公司承建的沙特麦加轻轨项目预计亏损达41.53亿元,将对公司第三度净利润造成重大影响。这一公告直接导致中国铁建A股和H股连续两日下跌。

2009年2月10日,中国铁建同沙特阿拉伯王国城乡事务部签署了承建轻轨项目的合同,约定采用EPC+O&M总承包模式,并由公司负责三年的运营和维护。该轻轨项目是自2008年6月以来中沙两国政府签署的首个政府间合作项目。

当时的公告称,合同总金额折合人民币121亿元,"约占本公司2007年营业收入的6.81%"。但不曾料到的是,在接下来的一年多,总成本超过预算总收入39.99亿元,再加上财务费1.54亿元,共亏损达41.53亿元。

中国铁建给出的解释是:首先,项目签约时更多的是依据概念进行设计,而实施过程中实际工程数量比签约时预计工程数量大幅度增加;其次,业主大量指令性变更导致项目工作量和成本投入大幅增加,计划工期出现阶段性延误;最后,人民币升值进一步增大了亏损额。

近几年来,国企海外投资失利的案例可谓一桩接一桩。随着国强民富,中国企业也开始走向世界。在这个过程中,企业支付"学费"是难免的,但频频摔跤现象可不是简单的"学费"的问题了。

事实上，许多企业在国内的投资项目也屡屡失败，这其中的原因值得所有总经理深思。

三、企业投资的类型和目标

当总经理将日常的生产经营管理得井井有条之后，公司积累到一定程度时就会面临另一个问题：公司业务如何扩张？扩张就涉及投资，投资就需要决策。投资决策是指为了实现预期的投资目标，运用一定的科学理论、方法和手段，对投资目标、投资规模、投资方向、投资结构、投资成本与收益等经济活动中的重大问题进行分析、判断和方案选择。

对于大公司而言，投资失误或许会被认为是"交学费"，但如果是一个规模较小的企业，投资失败就意味着输掉市场，甚至退出市场。投资决策失误是企业极大的失误，一个重要的投资决策失误往往会使一个企业陷入困境，甚至破产。财务管理的一项重要职能就是为企业当好参谋，把好投资决策关。

1. 企业投资类型

企业对外投资有很多种形式。

按与生产经营的关系，投资可分为直接投资和间接投资。生产性投资是典型的直接投资，企业对外进行金融性投资或证券投资属于间接投资。

按投资回收时间长短，投资可分为短期投资和长期投资，长期投资指在一年以上才能收回的投资，如固定资产投资。一般地，长期投资涉及的金额更大，影响也更长远，因此是投资决策的重点关注内容。

按投资发生作用的地点不同，投资可分为内部投资和外部投资。内部投资是在企业内部进行的投资，如生产性投资；外部投资是对企业外部进行的投资，如股权投资等。

2.明确企业投资目标

常见的企业投资目标有两类：一是技术改造与扩建，二是开拓新市场或开发新产品。

（1）技术改造与扩建

企业进行技术改造是指采用先进实用的新技术、新工艺、新设备等对现有设施、生产工艺条件进行改造，以达到两方面目标：一是提高产品质量、增加花色品种、促进产品升级换代等发展目标；二是促进企业实现降低成本、节约能耗、加强资源综合利用及"三废"治理等生产目标。比如一汽原来采用老设备生产，后来引进德国的生产线，生产新一代一汽卡车，成功地对产品进行了更新换代的改造。

扩建项目是指对原有建设项目进行改扩建，比如对某厂房的建设第一期投资500万元，第二期投资1000万元，第三期投资4000万元。后面的两期投资称之为扩建。

技术改造与扩建的优点在于：

◇以传统产业为基础进行改造，具有投资少、工期短、见效快等特点；

◇是对现有产能的改造，能有效避免重复建设和浪费；

◇有利于优化产业结构，改变增长方式，提高企业的效益和竞争力。

（2）开拓新市场或开发新产品

目前产品多元化越来越成为企业经营的普遍模式。当原有产品经营较长周期后，市场趋于成熟，竞争加剧，企业的利润空间逐渐被挤压，进入新的领域就显得十分必要。比如娃哈哈成功地从矿泉水领域进入饮料领域，开发"非常可乐"，就是开发新产品的成功案例。

此外，企业开拓新市场或开发新产品还取决于公司的发展战略。在新建项目时，通常需要建造或租赁厂房，引进设备，招募人才，调试设备，试生产产品，一直到正式投产。该过程都涉及公司的投资决策。

3. 投资项目的一般步骤

无论是哪种形式的投资，都必须采用严格的程序进行决策。对于总经理而言，经常要面临的一个投资决策问题，就是对生产性固定资产的投资。通常情况下，一个科学的投资决策需要经过以下步骤：

◇估算出投资方案的预期现金流量，项目的资金需要量及年度分布情况；

◇估计预计现金流量的风险，即现金流量的可实现程度及资金保证程度；

◇确定资本成本的一般水平。提醒总经理记住"机会成本"的概念，即项目投资的资本成本是必须要考虑的；

◇确定投资方案的收入现值。提醒总经理记住"资金具有时

间价值"的观点,即项目投资未来不同年度的现金流入其价值是不相等的;

◇通过收入现值与所需资本支出的比较,决定拒绝或接受投资方案。

四、投资决策的重要理念:关注风险与现金流

总经理在进行投资决策时,首先需要建立的理念就是关注风险与现金流。

1. 关注投资风险

风险就是不确定性,换句话说就是未来不利事件发生的可能性。由于投资环境瞬息万变,而投资行为通常涉及较长期间,各种可预测或不可预测事件发生的可能性都非常大,因此投资决策应充分考虑实践中可能出现的各种变化。通常情况下,企业可依据以往的历史资料并通过概率统计的方法,寻找风险的规律性,对风险做出估计,从而控制并降低风险。但需要提醒的是,无论采用何种方式,企业都不可能将风险降为零,只能是尽可能降低风险对企业产生的不利影响。投资项目的风险可分为政策性风险和项目特有风险。

(1)政策性风险

投资项目决策必须关注国家政策,关注公司的投资项目是否能得到国家宏观政策的鼓励和支持。比如在全国兴起低碳环保理

念的环境下，打算投资建设造纸厂或印染厂，这其中就蕴含较大的政策性风险。对于政策性风险的规避，需要总经理了解国家和时事动态，使企业行为与国家发展政策相一致。

（2）项目特有风险

项目特有风险主要指不确定事项对项目的经济效果的影响，这就是项目投资建设过程中可能导致项目亏损的因素。

通常情况下，总经理需要对投资项目进行详细的可行性分析和评价，以数据和预算为基础对投资项目进行科学的决策。这也是本章主要探讨的问题。

【提示】任何情况下，总经理进行投资决策时必须将风险放在第一位，收益放在第二位。

2. 注重项目的现金流

投资项目的现金流量是指在投资决策中一个项目引起企业现金支出和现金收入增加的数量。

以企业购置一条生产线为例，其导致的现金流出量主要包括：
◇购置生产线的价款；
◇生产线的维护、修理费用；
◇垫支流动资金。
其导致的现金流入量主要包括：
◇营业现金流入；
  营业现金流入＝销售收入－付现成本＝利润＋折旧
◇残值收入；
◇收回的流动资金。

现金净流量是指一定期间现金流入量与现金流出量的差额。在进行投资决策时,一定要进行项目的现金流量的估计,现金流量比利润更重要。我们可以通过以下案例进一步说明。

好易控公司拟新投资一个项目,投资总额2000万元,分5年支付工程款,3年后开始投产,有效年限5年。投产开始时垫付流动资金400万元,结束时收回。每年销售收入2000万元,付现成本1400万元。该项目采用直线法计提折旧。那么该项目各年的利润与现金流量见表10-1。

表 10-1　投资项目的利润与现金流分析

单位:万元

年份	第1年	第2年	第3年	第4年	第5年	第6年	第7年	第8年	合计
投资现金流(1)	-400	-400	-400	-400	-400				-2000
销售收入(2)				2000	2000	2000	2000	2000	10000
付现成本(3)				1400	1400	1400	1400	1400	7000
折旧(4)				400	400	400	400	400	2000
利润(5)				200	200	100	100	100	1000
营业现金流(6)				600	600	600	600	600	3000
流动资金(7)				-400				400	0
现金净流量(8)	-400	-400	-400	-200	-200	600	600	1000	1000

表中各项数据说明如下:

◇投资现金流,项目初始的1~5年各年为现金流出400万元,合计现金流出2000万元;

◇销售收入,从第4年开始投产后到项目结束,各年现金流入2000万元,共10000万元;

◇付现成本,主要是购买材料及人工的费用,各年现金流出为 1400 万元，共 7000 万元；

◇折旧，从第 4 年提折旧，各年为 400 万元；

◇利润 =（2）-（3）-（4），因此从第 4 年开始各年利润为 200 万，共 1000 万元；

◇营业现金流 =（2）-（3），因此从第 4 年开始各年营业现金流为 300 万，共 1500 万元；

◇垫付的流动资金，第 4 年初垫付 400 万元，项目结束时收回；

◇现金净流量 =（1）+（6）+（7），可以看出各年的现金净流量并不一致，但整个项目期内的现金净流量之和为 1000 万元，等于利润之和。

从表中可以得出如下结论：

◇在整个投资有效年限内，利润总计与现金流量总计是相等的；

◇利润受折旧等因素影响。需要注意的是，在项目投资第 4 年，企业实现利润为 200 万，但利润只是账面的，企业当年现金净流量为 -200 万元，意味着，企业如果要保证项目的正常运营，必须再投入资金以支付材料、人工费用，维持生产经营。

【提示】在投资分析中现金流动状况比盈亏状况更重要。没有足够的现金项目就会面临立马停工、停产的困境。利润只是纸上富贵，现金流才是真金白银。

五、项目投资决策的方法

常用的投资项目决策方法分为静态评价法和动态评价法两大类。

1. 静态评价法

静态评价法又称不考虑货币时间价值的方法，通常用于对项目进行大致的评价和判断，主要包括两种：

（1）投资回收期法

投资回收期，指投资引起的现金流入累计到与投资额相等所需要的时间。用公式表述如下：

$$\sum_{K=1}^{n} I_k = \sum_{K=1}^{n} O_k$$

其中：I_k 表示各年的现金流入，O_k 表示各年的现金流出。

通常情况下，在计算回收期时可直接采用以下公式：

$$回收期 = 原始投资额 \div 每年现金流入量$$

决策依据：决策时，回收年限越短，方案越有利。

好易控公司拟投资一新项目，有三个方案可供选择。其中A方案初始投资为2000万元，B方案初始投资为900万元，C方案初始投资为1200万元。各方案投产后各年预计的现金净流量及净收益分布情况见表10-2。总经理应该选择哪一方案呢？

表 10-2 投资项目现金流量及净收益分布情况

单位：万元

期间	A方案		B方案		C方案	
	净收益	现金净流量	净收益	现金净流量	净收益	现金净流量
0		（2000）		（900）		（1200）
1	180	1180	（180）	120	600	460
2	324	1324	300	600	600	460
3			300	600	600	460
合计	504	504	420	420	1800	180

我们可以先计算三个方案的投资回收期。

A方案：2000万初始投资在第一年收回1180万元，余下820万元在第二年中期全部收回，具体期限为：

$$回收期 = 1 + (820 \div 1324) = 1.62$$

B方案：900万初始投资到第一年末收回720（120+600）万元，余下180万元在第三年中期全部收回，具体期限为：

$$回收期 = 2 + (180 \div 600) = 2.30$$

C方案：1200万初始投资到第一年末收回920万元（460+460），余下280万元在第三年中期全部收回，具体期限为：

$$回收期 = 2 + (280 \div 460) = 2.61$$

仅从投资回收期来看，A方案投资回收期最短，是最佳方案，其次为方案B，最差为方案C。

【总结】投资回收期评价方法的优点在于：易理解、易计算、易掌握，能够直接地反映原始总投资的返本期限。缺点在于：未考虑资金的时间价值因素，以及回收期满后继续发生的现金流量。

（2）会计收益率法

会计收益率是根据估计的项目整个寿命期内年平均会计利润与估计的资本占用进行比较。其计算公式为：

$$会计收益率 = 年平均净收益 \div 原始投资额$$

决策依据：决策时，项目的会计收益率越高则方案越优。

仍以上述表10-2中好易控公司为例，根据三个方案的净收益可以算出各方案的会计收益率。

$$会计收益率（A）= [(180+324) \div 2] \div 2000 = 12.6\%$$

$$会计收益率（B）= [(-180+300+300) \div 3] \div 900 = 15.6\%$$

$$会计收益率（C）= [(600+600+600) \div 3] \div 1200 = 50.0\%$$

如果从会计收益率来看,方案 C 最优,其次为方案 B,最差为方案 A。

会计收益率是一种流行的投资评价方法。其特点是使用简单,会计数据亦容易取得。同样,会计收益率容易理解,评价结果用相对数表示,提高了结论的可比性。该方法存在的缺点与投资回收期法一样,仍是一种非贴现评价方法,未考虑资金的时间价值。

【总结】投资回收期法与会计收益率法都可用于接受或否定项目的决策,也可对互斥投资机会进行排序。采用会计收益率法时,通常要确立最小的可接受收益率。如果会计收益率比这一可接受收益率大,项目可接受,否则,项目就会被拒绝。在相互排斥项目中进行选择时,首先要确定出会计收益率较高的项目,然后决定该收益率是否高于最小可接受收益率。

2. 动态评价法

动态评价法又称考虑时间价值方法。常用的方法有以下三种:

(1)净现值法

净现值法首先假设预计的现金流入在年末肯定可以实现,并假定原始投资是按预定贴现率借入的。净现值就是按该预定贴现率计算的某方案未来现金流入与未来现金流出的现值之间的差额。

如某方案的净现值为正数,则项目的报酬率大于预定的贴现率,方案可行。公式表示为:

$$\text{净现值} = \sum_{k=1}^{n} \frac{I_k}{(1+i)^k} - \sum_{k=1}^{n} \frac{O_k}{(1+i)^k}$$

其中,I_k 表示各年的现金流入,O_k 表示各年的现金流出,i

为贴现率。

采用净现值法的关键在于贴现率的确定，通常可采用企业的平均资金成本或企业要求的最低资金利润率。

（2）现值指数法

现值指数是未来现金流入现值与现金流出现值的比率。用公式表示为：

$$现值指数 = \sum_{k=1}^{n}\frac{I_k}{(1+i)^k} \div \sum_{k=1}^{n}\frac{O_k}{(1+i)^k}$$

现值指数反映投资的效率，可用于进行独立投资机会获利能力的比较，而净现值反映投资的效益。

（3）内含报酬率法

内含报酬率是指能够使未来现金流入量等于未来现金流出量现值的贴现率，或使投资方案净现值为0的贴现率。

内含报酬率的计算比较复杂，通常采用"逐步测试法"。

注：以上三个方法，可用Excel软件完成计算，不仅省时省力，准确率还高。

3.投资项目评价方法的应用——固定资产更新决策

设备更新改造是企业经常面临的决策问题。通常情况下企业会面临两个选择：第一，对旧设备进行改造，一般初始投入较低，但因维修等会导致运行成本较高；第二，购买新设备，一般初始投入较高，但设备好会使运行成本较低。

总经理应该如何进行决策呢？

对于设备更新而言，其现金流量主要表现为现金流出。因此通常采用计算不同方案平均年成本，成本较低则方案更优。

固定资产的平均年成本是指该资产引起的现金流出的年平均值。计算公式如下：

平均年成本＝投资摊销＋运行成本－残值摊销

其中：旧设备的投资价值为目前的变现价值，新设备的投资价值为拟购入的原值；这一投资可视为投资开始的现金流出，要按照一定的折现率（采用年金现值系数）平均摊销到固定资产未来的可使用年限中。

残值指预计固定资产使用到期后变卖所得的收入。这一价值可视为投资结束时的现金流入，也要按照一定的折现率（年金终值系数）平均摊销到固定资产未来的可使用年限中，抵减设备的平均年成本。

运行成本为每年预计将发生的成本，直接计入各年的成本中。

决策依据：由于设备更换并不改变企业的生产能力，不增加企业的现金流入，采用成本比较的方法时，成本低的方案就是好方案。

好易控有一旧设备，工程技术人员提出更新要求，有关数据如表10-3所示。假设该企业要求的最低报酬率为15%，应该继续使用旧设备还是更新设备？

表10-3　固定资产更新决策案例

单位：万元

	更新旧设备	购买新设备
原值	2200	2400
预计使用年限	10	10

续表

	更新旧设备	购买新设备
已经使用年限	4	0
最终残值	200	300
变现价值	600	2400
年运行成本	700	400

旧设备平均年成本 = $\dfrac{600}{(P \div A, 15\%, 6)} + 700 - \dfrac{200}{(F \div A, 15\%, 6)}$

=600÷3.784+700−200÷8.753
=836（万元）

新设备平均年成本 = $\dfrac{2400}{(P \div A, 15\%, 10)} + 400 - \dfrac{300}{(F \div A, 15\%, 10)}$

=2400÷5.019+400−300÷20.303
=863（万元）

其中 A 是年金，P 是现值，P÷A 是已知年金求现值，P÷F 是已知终值求现值。

由此可见，旧设备的平均年成本更低，企业不宜购买新设备，而应该对现有设备进行更新。

第十一章

企业避税方略

纳税筹划的前提是遵守国家的税收法规,纳税筹划的目标在于合理避税。总经理要了解国家税收优惠政策,积极为企业创造享受优惠税率的条件。同时总经理还需要了解税收的地方性差异,利用税收的时间差和地方差。如果实现了合理避税,就是为企业创造了利润。

一、纳税筹划：合理避税就是创造利润

前年秦奋的公司交纳所得税100万元（公司所得税率为25%）。公司产品的外观及技术获得了多项专利。如何才能合理避税呢？专家的建议是尽快申请高新技术企业认证，以获得税收优惠。去年公司实现应纳税所得额为480万元，并获得了高新技术企业认证，按25%的税率，公司本来该缴纳120万元的所得税，因高新技术企业按15%的税率征收所得税，实际只需缴纳72万元的所得税，这就为公司节省了48万元的税费支出。

上述案例说明纳税筹划的确很重要，进行纳税筹划对企业而言是必不可少的。那么应该如何进行纳税筹划呢？首先需要明确的是：

◇纳税筹划必须以合法为前提。企业必须在税法所允许的范围内，通过对自身的融资、投资、经营等经济活动进行事先规划，以达到减轻税负和实现涉税零风险的目的；

◇纳税筹划是针对将要发生的业务，通过比较业务的不同执行方式和流程，选择最优的方案，使企业因该项业务引起的纳税支出最低；

◇充分了解国家的税收优惠政策。企业应在充分了解我国现行法律、法规的前提下，为企业创造享受国家税收优惠政策的条件，如上述的秦奋公司就是对税收优惠政策的具体应用的体现。

企业的各项税费都是企业的支出，减少税费支出实际就等同于为企业创造了利润。总经理可不能小瞧纳税筹划！

进行纳税筹划，首先得从企业的税负说起。

二、企业该缴哪些税

对于企业来说，需要缴纳的税费主要有以下几种：

1. 增值税

增值税是以商品（含应税劳务）在流转过程中产生的增值额作为计税依据而征收的一种流转税。从计税原理上说，增值税是对商品生产、流通、劳务服务中多个环节的新增价值或商品的附加值征收的一种流转税。实行价外税，也就是由消费者负担，有增值才征税没增值不征税。

由于增值税实行凭增值税专用发票抵扣税款的制度，因此对纳税人的会计核算水平要求较高，要求能够准确核算销项税额、进项税额和应纳税额。但实际情况是有众多的纳税人达不到这一要求，因此《中华人民共和国增值税暂行条例》将纳税人按其经营规模大小以及会计核算是否健全划分为一般纳税人和小规模纳税人。

（1）一般纳税人和小规模纳税人认定标准

首先明确一般纳税人认定标准，不符合一般纳税人认定标准的就属于小规模纳税人。

一般纳税人认定标准：

一般纳税人认定标准包括定量标准和定性标准。

规模上的标准：

◇从事生产货物或提供应税劳务，或以其为主兼营货物批发或零售的纳税人（适用50%的标准），年应税销售额大于50万元。

◇从事货物批发或零售的纳税人，年应税销售额大于80万元。

◇应税服务年销售额标准（指纳税人在连续不超过12个月的经营期内，提供交通运输和现代服务累计应征增值税销售额，含免税、减税销售额）大于500万元（不含税销售额）。

纳税人性质和会计核算程度方面的标准：

◇年应税销售额超过小规模纳税人标准的其他个人（自然人）按小规模纳税人纳税；非企业性单位和不经常发生应税行为的企业可自行选择是否按小规模纳税人纳税。

◇年应税销售额未超过标准以及新开业的纳税人，有固定的经营场所，会计核算健全，能准确提供销项税额、进项税额的可认定为一般纳税人。

（2）一般纳税人和小规模纳税人区别

◇计税方法不同

一般纳税人原则上采用一般计税方法（提供公共交通运输服务等特定应税行为的一般纳税人也可选择简易计税方法）。

一般纳税人：

购进货物、劳务、服务、无形资产和不动产支付或者负担的增值税额可以作为当期进项税额按规定进行抵扣；

应纳税额 = 当期销项税额 - 当期进项税额

小规模纳税人：

小规模纳税人采用简易计税方法。

购进货物、劳务、服务、无形资产和不动产，即使取得了增值税专用发票也不能抵扣；

$$应纳税额 = 销售额 \times 征收率$$

◇税率与征收率不同

一般纳税人适用增值税税率（简易计税的除外），目前增值税税率包括16%、10%、6%，0。2019年3月5日，十三届全国人大二次会议开幕，总理做政府工作报告。报告明确，深化增值税改革，将制造业等行业原有16%的税率降至13%，将交通运输业、建筑业等行业现行10%的税率降为9%，确保主要行业税负明显降低。

小规模纳税人适用增值税征收率3%。

◇纳税申报期不同

一般纳税人缴纳增值税，原则上实行以月为纳税期申报纳税。

小规模纳税人缴纳增值税，原则上实行以季度为纳税期申报纳税。

◇增值税发票使用不同

一般纳税人可以开具和取得增值税专用发票。除部分特定行业的小规模纳税人可以选择自行开具专用发票外，大部分小规模纳税人不能自开专用发票，如果需要开具专用发票可以到税务机关申请代开。

$$企业应交增值税额 = 销项税额 - 进项税额$$

增值税是对企业销售货物或应税劳务征税，企业只要销售产品或提供劳务都应缴纳增值税。如果企业将产品用于职工福利，需不需要缴纳增值税呢？

山东一家生产食用油的企业年末的时候发现存货积压较多，

决定向每位职工发放两桶食用油，作为职工福利，这样也不用销售该产品了，可以避免缴纳增值税。这家企业的做法对吗？

按我国现行税法规定，企业将自产产品用于职工福利的行为应当视同销售行为，同样需要缴纳增值税。如果不缴纳增值税，被税务机关查出就属于偷税漏税的行为了。

知识链接 ● ● ●

单位或者个体工商户的下列行为，视同销售货物：

◇将货物交付其他单位或者个人代销；

◇销售代销货物；

◇设有两个以上机构并实行统一核算的纳税人，将货物从一个机构移送其他机构用于销售，但相关机构设在同一县（市）的除外；

◇将自产或者委托加工的货物用于非增值税应税项目；

◇将自产、委托加工的货物用于集体福利或者个人消费；

◇将自产、委托加工或者购进的货物作为投资，提供给其他单位或者个体工商户；

◇将自产、委托加工或者购进的货物分配给股东或者投资者；

◇将自产、委托加工或者购进的货物无偿赠送其他单位或者个人。

2. 消费税

消费税主要是针对生产和销售应税消费品的企业进行征收。我国税法规定，消费税的征收范围包括：烟、酒、鞭炮焰火；贵重首饰、化妆品；小轿车、摩托车；汽油、柴油；汽车轮胎、护肤护发品等共 11 个税目。税率从 5% 到 45% 不等。

消费税采取从价定率和从量定额两种方法进行征收。

从价定率：企业应纳消费税＝销售额×适用税率

从量定额：企业应纳消费税＝销售数量×单位税额

如果生产和销售上述应税消费品的企业，就还需要缴纳消费税。

上述两种税都是企业在销售商品提供劳务过程中产生的，因此称为流转税。在这两种税的基础上，企业还需要缴纳两种附加税费：城市维护建设税和教育费附加。这两种税的计算方法为：

城市维护建设税＝（纳税人实际缴纳的增值税+消费税）×7%

教育费附加＝（纳税人实际缴纳的增值税+消费税）×3%

因此，对一般纳税人而言，如果企业适用增值税率为 13%，则其实际税负为 14.3%（13%+13%×10%）。

3. 所得税

企业所得税是对所有实行独立经济核算的企业取得的所得征收的税，包括各种所得。企业所得税不分企业性质，无论国有企业、集体企业、私营企业、外资企业、联营企业、股份制企业及有生产经营所得和其他所得的其他组织等都需缴纳所得税。

一般情况下，企业所得税的税率为 25%。因此：

企业应纳所得税 = 企业应纳税所得额 × 25%

【提示】企业应纳税所得额并不等于企业的利润总额。企业利润总额是按会计制度计算出来的利润,但会计制度中确认的收入和费用并不一定符合税法扣减的规定,应纳税所得额就是按税法规定调整后得到的纳税基础。了解税法的相关规定对于企业遵纪守法具有重要意义。

(1)有些确认为费用或损失的项目不允许扣减

比如:

◇业务招待费的扣除标准:

企业营业收入1500万元(不含)以下部分,业务招待费的扣除标准不超过5‰;营业收入1500万元(含)至5000万元部分,不超过该部分3‰;5000万元以上,不超过该部分2‰;1亿元以上,不超过该部分1‰。

某有限公司1—12月实现销货收入1600万元,转让一项技术取得收入30万元,转让无形资产和固定资产取得收入100万元,出租出借包装物收入5万元,将自产的产品用作职工福利8万元(出厂价),12月发生退货50万元,因产品质量问题发生折让2万元,该公司实际发生业务招待费20万元,全部抵扣所得税。符合税法政策吗?

销售(营业)收入净额 =1600+30+100+5+8-50-2=1691(万元)

业务招待费扣除标准 =1500×5‰+(1691-1500)×3‰

=8.073(万元)

因此该公司业务招待费20万元中有11.927(20-8.073)万元不能抵扣所得税。

◇纳税人用于公益、救济性的捐赠,在年度应税所得额3%(金融、保险企业为1.5%)以内的部分准予扣除,直接向受赠人的捐赠不允许扣除。

◇各类罚款支出，虽然是企业的损失，但计算应纳税所得额时不得扣减，比如税款滞纳金等。

（2）有些确认为收入的项目不必缴纳所得税

比如企业购买国债利息收入是不要缴纳所得税的。再如，公允价值变动收益，虽然是收入，但该收益尚未真正实现，不必缴纳所得税。

某企业为一般纳税人，企业适用所得税率为25%，2007年度实现利润总额为760万元。该企业当年利润总额中包含以下项目：

（1）国债利息收入50万元；

（2）税款滞纳金60万元；

（3）交易性金融资产公允价值增加20万元；

（4）提取存货跌价准备50万元；

（5）售后产品质量担保预计费用100万元。

该企业应交所得税为多少呢？

会计税前利润760万元

减：国债利息收入 -50万元

加：税款滞纳金 +60万元

减：交易性金融资产公允价值增加 -20万元

加：提取的存货跌价准备 +50万元

加：质量担保预计费用 +100万元

应税所得900万元

应交所得税 = 900 × 25% = 225万元

【提示】企业如果未能如实正确地计算缴纳所得税，就会有偷税漏税的嫌疑。因此了解税法规定是非常有必要的，能有效防范企业陷入违法的困境。

三、你了解税收优惠政策吗

国家税收优惠政策主要有：

1. 小型微利企业税收优惠政策

◇对月销售额 10 万元以下（含本数）的增值税小规模纳税人，免征增值税。

◇对小型微利企业年应纳税所得额不超过 100 万元的部分，减按 25% 计入应纳税所得额，按 20% 的税率缴纳企业所得税；对年应纳税所得额超过 100 万元但不超过 300 万元的部分，减按 50% 计入应纳税所得额，按 20% 的税率缴纳企业所得税。

上述小型微利企业是指从事国家非限制和禁止行业，且同时符合年度应纳税所得额不超过 300 万元、从业人数不超过 300 人、资产总额不超过 5000 万元等三个条件的企业。

2. 国家高新技术企业税收优惠政策

◇所得税率优惠。高新企业享受 15% 的优惠所得税率，即原 25% 的基础上降低了 40%。

◇新办软件企业"两免三减半"，即第一年至第二年免征企业所得税，第三年至第五年按照 25% 的法定税率减半征收企业所得税（税率 12.5%）。

◇高新技术企业符合条件的技术转让所得免征、减征企业所得税。一个纳税年度内，居民企业技术转让所得不超过 500 万元的部分，免征企业所得税；超过 500 万元的部分，减半征收企业所得税。

◇研发费用加计扣除。

企业为开发新技术、新产品、新工艺发生的研究开发费用，未形成无形资产计入当期损益的，在按照规定据实扣除的基础上，按照企业研究开发费用的 50% 加计扣除；形成无形资产的，按照无形资产成本的 150% 摊销。（自 2018 年起，被评价为科技型中小企业的，按照企业研究开发费用的 75% 加计扣除）

◇申请国家规划部局内重点软件企业（或系统集成企业）必备条件之一高新技术企业，且认定为国家规划部局内重点软件企业（或系统集成企业）享受减按 10% 企业所得税税率缴纳所得税。

企业在申请高新技术企业认定时，需提交知识产权证书（独占许可合同）、生产批文，新产品或新技术证明（查新）材料等，还需提交企业职工人数、学历结构以及研发人员占企业职工的比例说明，以及经具有资质的会计师事务所审计的企业近 3 个会计年度研究开发费用情况表、财务报表以及技术性收入的情况表。

3. 其他税收优惠政策

根据我国税法规定，以下企业也可享受税收优惠政策：

（1）废弃物利用的企业

税法规定，利用废水、废气、废渣等废弃物为主要原料进行生产的企业，可在 5 年内减征或免征所得税。

（2）安置待业人员的企业

税法规定，新办的劳动就业服务企业，当年安置城镇待业人员超过企业从业人员总数的 60%，可享受或免征所得税 3 年的优惠。免税期满后，当年新安置城镇待业人员占企业原从业人员总数的30%，可减半征收所得税2年。

（3）福利生产企业

税法规定，民政部门举办的福利生产企业，凡安置"四残"人员占生产人员总数35%以上的，暂免征收所得税；超过10%未达到35%的，减半征收所得税。

（4）农村的生产服务行业

税法规定，对农村的为农业生产的产前、产中、产后服务的行业，即乡、村的农技推广站、植保站、水管站、林业站、畜牧兽医站、水产站、种子站、农机站、气象站，以及农民专业技术协会，专业合作社，以及城镇其他各类事业单位开展上述技术服务或劳务所取得的收入暂免征收所得税。

（5）科研单位和大专院校的技术服务

对科研单位和大专院校服务于各业的技术成果转让，技术培训，技术咨询，技术服务，技术承包所取得的技术性服务收入暂免征收所得税。

【提示】根据《企业所得税优惠政策事项办理办法》规定，企业享受优惠事项采取"自行判别、申报享受、相关资料留存备查"的办理方式。企业应当根据经营情况以及相关税收规定自行判断是否符合优惠事项规定的条件，符合条件的可以按照《目录》列示的时间自行计算减免税额，并通过填报企业所得税纳税申报表享受税收优惠。同时，按规定归集和留存相关资料备查。

企业对优惠事项留存备查资料的真实性、合法性承担法律责任。企业留存备查资料需要保留10年，若以后发现其不符合优惠事项规定条件的，应当依法及时自行调整并补缴税款及滞纳金。

四、企业避税方略

除了了解上述国家税收优惠政策外,企业在实际进行税收筹划时,还应该注意一些避税小窍门。

1. 以前年度亏损可以在以后年度税前弥补

根据我国税法规定,如果企业当年盈利,在缴纳所得税之前当年实现的利润可以首先用于弥补以前年度的亏损,最长可弥补期限为5年。也就是说,如果企业某年发生亏损,用以后连续5年的税前利润还不能弥补完,则第6年实现的利润就不能再先行补亏了,必须全额缴纳所得税。

因此,对于企业来说,发生亏损年度可以直接抵扣以后连续5年间实现盈利需要缴纳的所得税。

【提示】如果企业打算用税前利润弥补以前年度的亏损,需要经过会计师事务所的审计并向税务机关提交报告后,方能弥补。具体可以弥补的金额亦需由事务所出具审核报告进行确认。因此,如果亏损额度比较小,或对所得税的影响金额比较小,那总经理就需要权衡其与会计师事务所审计费用二者之间孰高孰低了。

资料显示,我国20世纪90年代后期,相当数量的外企通过各种避税手段转移利润。从账面上看,外企大面积亏损,亏损面达60%以上,但调查显示由于经营不善等客观原因造成亏损仅占外企的三分之一,而六成以上的外企存在非正常亏损,实质上是虚亏实赢,其目的就是避税。有的企业亏损三年盈利两年,盈利年度的利润不足以弥补以前年度亏损,因此导致企业实际并不缴纳所得税。

【提示】企业虚报亏损是指企业在年度企业所得税纳税申报表中,申报的亏损数额大于按税收规定计算出的亏损数额。现行税法规定,企业故意虚报亏损造成当年或相关年度不缴或少缴应纳税款的,按偷税处理;即使是在依法享受免征企业所得税优惠年度,虚报亏损未造成不缴或少缴应纳税款的,也要按规定处以5万元以下罚款。因此,即使避税,也要合法经营,这是总经理必须把握的底线!

2. 资产损失税前扣除

会计制度规定,企业期末应根据资产可实现情况对资产计提减值准备。比如,可以对应收账款计提坏账准备,对存货提跌价准备,对固定资产、在建工程和无形资产提减值准备等,这些减值准备都形成了企业的费用,会导致企业利润总额减少。根据《中华人民共和国企业所得税法》第十条及实施条例第五十五条规定,不符合国务院财政、税务主管部门规定的各项资产减值准备、风险准备等准备金支出不得税前扣除。仅对一些特定行业如:金融、保险、证券、期货、中小企业信用担保机构等按规定计提的准备金可准予税前扣。企业发生的与生产经营相关的、真实合理的资产损失,按国家税务总局公告2011年第25号规定的程序和要求向主管税务机关申报扣除。企业在进行企业所得税年度汇算清缴申报时,可将资产损失申报材料和纳税资料作为企业所得税年度纳税申报表的附件一并向税务机关报送。

3. 通过资产重估提高折旧

企业固定资产折旧作为一项费用可以抵减应纳税所得额。一般情况下，企业在取得固定资产后其价值会逐渐贬损，因此即使重估一般不会高过其取得时的成本。但有一类固定资产除外，那就是房地产。

近年来房地产价格不断上涨，企业购进的各类房地产也增值巨大。如何有效利用房地产增值的减税作用呢？一种做法就是对房地产进行价值评估，如果房地产评估增值，企业可以调增拥有的房地产的账面价值，每年计提的折旧也会相应地增加，应缴纳的所得税自然也会相应减少。比如价值1200万元的房地产按30年计提折旧，每年可从税前扣除的折旧费用为40万元。假如评估后价值为3000万元，折旧年限不变，则每年可从税前扣除的折旧费用为100万元。仅此项费用可节省企业所得税费用为15万元（60×25%）。曾有一些香港公司在内地设有子公司，每年都对其房地产价值进行重估，这也是外资企业的一种有效的避税方法。

特别提示：我国现有有关规定，需要对企业财产进行重新评估的情况：国有资产产权变动（分立、合并、改组）以实物对外投资，评估结果得到有关部门核准或备案。

4. 转让定价避税

转让定价是利用地区税率差异降低企业税负的一种方法，也是跨国公司广泛采取的一种国际避税的重要手段，其主要原因是各国间的税率存在一定的差异。通常情况下，集团公司通过将产品以较低的内部转让定价，从高税国子公司销售给（或称转移）低税国子公司，这样在高税率国家子公司所需缴纳的所得税就会减少。或者从低税国将产品以较高的内部转让定价销售或转让给高税国子公司和分配费用，使国际关联企业的整体税收负担减轻。

在同一国度内，只要存在税率差异，就存在使用转移定价法进行合理避税。

比如美国某企业在本国的所得税率为35%，该公司在深圳高新技术开发区设立子公司，适用税率为15%。该公司生产完工一批成本为2000万美元的产品，正常定价为2800万美元，然后由深圳子公司以3000万美元的价格销售。现在该公司将这批产品以2100万美元的价格卖给深圳子公司，深圳子公司最后以3000万美元的价格将其全部售出。

如果按正常价格销售，则该企业母、子公司合并应缴纳所得税费用为：

（2800-2000）×35%+（3000-2800）×15%=310（万美元）

如果通过转让定价后销售，则企业的所得税费用为：

（2100-2000）×35%+（3000-2100）×15%=170（万美元）

这样就可以为企业节省140万美元的所得税费用。

知识链接

"避税天堂"是指税率很低、甚至是完全免征税款的国家或地区。通常是较小的沿海国家和内陆小国，甚至是很小的岛屿。这些地区由于资源稀缺、人口数量少，所以以低税率吸引外国资本投资。列支敦士登、安道尔、摩纳哥，以及开曼群岛、百慕大、巴哈马、荷属安的列斯等是典型的避税天堂。

5. 通过注册地点节税

我国目前为鼓励落后地区及亟待开发地区的经济建设,出台了一些税收优惠政策。企业在这些地区注册经营,亦能有效地实现节税。

(1)经济特区

税法规定,我国经济特区内外商投资企业和设立机构、场所从事生产经济的外国企业,减按15%税率征收企业所得税。特区包括:深圳、珠海、汕头、厦门、上海浦东和海南省、喀什、霍尔果斯。

(2)高新技术产业开发区

税法规定国务院批准的高新技术产业开发区内的高新技术企业,减按15%的税率征收所得税;新办的高新技术企业自投产年度起免征所得税两年。

其中具体要求,该企业注册地在国务院批准的高新技术产业开发区内,并经有关部门认定为高新技术企业。

(3)"老、少、边、穷"地区

税法规定,国家确定的"老、少、边、穷"地区新办的企业,可在3年内减征或者免征所得税。这些地区是指国家确定的革命老根据地、少数民族地区、边远地区、贫困地区。

(4)高校校办工厂

税法规定,高等学校和中小学校办工厂,可减征或者免征所得税。具体包括:高等学校和中小学校办工厂、农场自身从事生产经营的所得和高等学校及中小学举办各类进修班、培训班的所得。

需要提醒的是,高等学校和中小学享受税收优惠的校办企业,必须是学校出资自办的、由学校负责经营管理、经营收入归学校所有的企业。

如果是将原有的纳税企业转为校办企业，或学校在原校办企业的基础上，吸收外单位投资举办的联营企业，或校学向外单位投资举办的联营企业，或学校与其他企业、单位和个人联合创办的企业以及学校将校办企业转租或承包给外单位经营的企业，均不得享受对校办企业的税收优惠。

【小结】企业纳税筹划的关键是要掌握国家税收优惠政策及不同地区、不同项目的税收差异，从而最大可能利用税收优惠政策，使企业的避税行为合理合法，同时也能为企业节省大笔费用！

第三篇

总经理必修的内部控制与财务管理常识

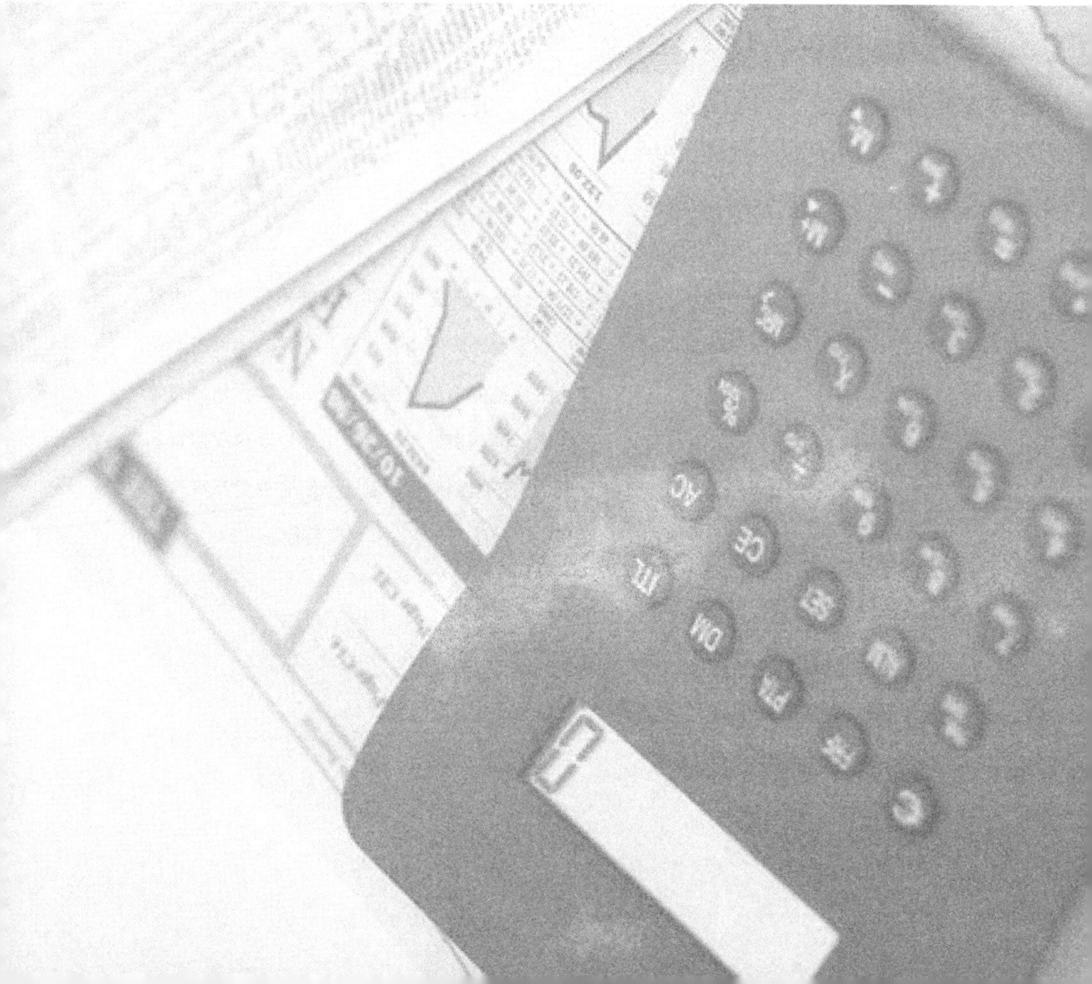

第十二章

企业内部控制

内部控制是现代企业公司治理的重要制度，也是防止和发现舞弊的重要措施。完善的内部控制制度包括规范的内部环境、严谨的风险评估、有效的控制活动、良好的信息与沟通以及内部监督。良好的内部控制制度有利于保障企业资产完整不受侵害、帮助企业实现其经营目标。

一、案例分析：某超市成功的内部控制

1. 该超市的内部环境

企业的内部环境取决于管理层的理念和经营风格。其关键在于总经理是否具有诚信的品质和诚恳的理念。该超市内醒目地写着："第一条：顾客永远是对的；第二条：如有疑问，请参照第一条。"认为顾客才是真正的老板，只有顾客才有权解雇上至董事长的每一个人。基于顾客第一理念，该超市始终推行平价让利模式，使顾客得到实惠，同时也使企业信誉大增，很快在全美扩张。

该超市的理念和经营风格表现出强烈的诚信和踏实的风格，使公司远离投机取巧等短期行为。对于任何一家公司而言，短视行为只会让公司昙花一现，之后便是迅速的陨落。

2. 该超市的风险评估

该超市的风险评估制度在进入中国市场的过程中得到充分展示。早在1992年7月，该超市就获得进入中国市场的批准，但该超市并没有急于在内地开设分公司，而是先在香港设立办事处，专门从事中国市场的调查工作。公司详细了解了企业经营的内外部环境，包括中国的经济政策、城市经济、国民收入、零售市场、消费水平、消费习惯等。为降低进入中国市场的风险，该超市先后做了长达六年的准备工作。1996年，该超市在深圳开设第一家购物广场和会员店。

在整个进军中国的过程中，该超市并不盲目求大求快，而是采用深圳单点进入，然后在全国铺开的策略，虽然发展速度慢，但却有效地将企业风险降到了较低水平。

3. 该超市的控制活动

作为零售企业，物流是企业重要的经营活动。该超市控制活动的一个成功经验就体现在物流管理方面。"配送设施是该超市成功的关键之一"，该超市被称为零售配送革命的领袖，独特的配送体系，加速了存货周转，大大降低了成本，造就了"天天低价"的奇迹。

除高效率的配送中心和迅速的运输系统外，该超市还采用了先进的卫星通信网络，采用商用卫星实现了全球联网，在全球的4000多家商店通过全球网络可在1小时之内对每种商品的库存、上架、销售量全部盘点一遍。在美国，有一家专门为该超市做盘点的公司，不停地为分布在世界各地的四千多家连锁店进行盘点。对于一个营业面积上万平方米的大型超市来说，整个盘点过程一般只需要一个晚上左右的时间就可以完成。

作为零售企业，对资产的有效管理被作为该超市控制活动的重心之一。

该超市控制活动的另一个成功经验在于对员工的激励制度。该超市一直切实推行利润分享计划、雇员购股计划等，比如员工可以通过工资扣除方式，以低于市值15%的价格购买股票，使员工将公司作为自己的家。此外公司还推行损耗奖励计划，如果某店将损耗控制在公司的目标之内，该店每个员工都可获得奖金，最多可达200美元。这一制度的效果就是该超市的损耗只是行业平均水平的一半。

该超市的绩效考评控制制度不仅提高了员工的积极性，也与公司成本紧密结合起来，取得了一举两得的效果。

4. 该超市的信息与沟通

该超市提出"关心自己的同事，他们就会关心你"。在该超市，员工不是被称为"雇员"，而是被称为"合作者"或"同事"。公司通过例会制度加强与员工的感情联络，在会议上公司表扬先进，员工也可以畅所欲言地提建议，发现问题并讨论解决办法。这样，发现的问题可以及时解决，而不必等到下星期。

此外，每隔一段时间，店里都会举行"草根会议"，随意抽取各部门员工了解情况。该超市总部还会定期在全球范围内开展"基层调查"，以无记名形式了解整个店的经营管理情况。这些也是非常有效的内部监督制度。

对该超市内部控制的剖析，让我们看到了其必然取胜之处。如果一家公司能一直恪守诚信、踏实经营，严格控制风险，并通过控制活动降低公司成本实现公司的行业竞争优势，同时注重企业文化，加强企业对员工的凝聚力，这样的公司岂有不胜之理！

二、内部控制：现代公司治理的核心

某煤矿公司煤矿属高瓦斯矿井，开采深度大、受矿压大、地温高，地质条件复杂。2008年年初发生了一起安全事故。公司某矿井安全检查员发现一段工作面有塌方隐患，曾就此问题向其所在部门的领导进行反映，但由于当时公司领导忙于处理雪灾问题，并未给予答复。后矿井发生小规模塌方，所幸并无人员伤亡。为加强安全管理，公司临时停产，进行了煤矿综采工作全面搬迁和巷修工作。你认为该公司内部控制存在哪些问题？

该公司至少存在两方面的缺陷：

首先，缺乏必要的风险评估。公司对安全问题给企业带来的风险重视不够，未能及时对其采取措施，在塌方发生后进行修复成本更高，使公司遭受损失。

其次，公司在信息与沟通方面存在缺陷。有效的沟通应当在公司内部以全方位的方式进行，包括管理者与普通员工的沟通，也包括公司与外部各方的有效沟通。该公司员工在发现问题后向其所在部门的领导进行反映，但并未得到任何答复，这说明内部沟通出现了问题。

煤炭生产公司是存在重大安全隐患的公司，安全是确保公司正常运营及盈利的前提条件。本例中虽然未造成严重后果，但显示了公司内部控制存在的问题。

公司治理是目前全球的热门话题。我国近10年来开始加强对上市公司的公司治理结构的监管，目前已向各类企业全面推进。中小企业如果要做大做强，并获得资本市场融资资格，必须建立完善的公司治理结构。

公司治理的作用在于通过合理的组织架构使企业的决策、经营、控制达到最优,减少武断、舞弊、错误等行为给企业带来的损失。其中,内部控制是公司治理的重要组成内容之一。

内部控制源于内部牵制。内部牵制制度的建立是基于以下两个假设:

◇两个或两个以上的人或部门,无意识犯同样错误的可能性很小;

◇两个或两个以上的人或部门,有意识地合伙舞弊的可能性大大低于一个人或部门舞弊的可能性。

内部牵制制度的主要特点是,任何个人或部门不能单独控制任何一项或一部分业务,权力需要进行组织上的责任分工,每项业务的执行通过与其他个人或部门的参与实现交叉检查控制。这些制度在当前企业管理中仍广泛使用,比如会计、出纳的岗位分离,"管钱不管账,管账不管钱"的基本思想都是源于内部牵制制度。

随着管理理论及相关理论和实践的发展,公司内部控制理论也得到了重大推进。内部控制的最基本功能就是防范舞弊行为,保护公司的资产完整不受侵害。内部控制如何防范舞弊?这需要从舞弊行为的主要特征谈起。

三、员工舞弊与内部控制

20×9年6月,江苏省某集团公司对下属分公司进行全面审计,在对下属A公司进行审计时,审计人员向出纳兼会计陈某催要当月的银行对账单,这时正好有人到陈某处报销费用。审计人员发现陈某抽屉里放着许多发票,审计人员认为陈某不将发票及时入账严重违反了公司的会计制度,而且陈某始终未提供银行对账单给审计人员。同时,财务科长也含糊其辞。审计人员的疑虑越来越深。随着内审人员取证、函证及进一步调查发现,A公司在银行的账户上仅剩下1.6万余元。账上短款高达100多万元。在不到两年的时间里,陈某采取擅自开现金支票提取公司银行存款,不入账、少入账以及制作假对账单等方法,挪用公款263万余元,用于私人购买彩票和借给亲友经商等,直至审计人员查出时,尚有127万余元未归还。

企业财务人员的舞弊通常会给企业带来重大的资金上的损失,也是企业舞弊防范的行为。内部控制的一个重要作用就是防止和发现舞弊。防范舞弊首先需要了解舞弊产生的原因。

美国学者对舞弊行为进行了分析,归纳出舞弊普遍存在的三方面特征,即舞弊三角理论(见图12-1)。

（1）压力或动机

压力或动机是舞弊者的根本性行为动机。舞弊的压力大体上可分为两类:一是经济压力;二是工作压力。前者或来自舞弊者个人需求或家庭需求,如改善个人生活或追求奢侈的生活方式等;后者主要来自企业内部,比如当业绩考核与薪酬挂钩的情况下,工作压力会进一步增加。因为有压力,就会产生舞弊的动机。

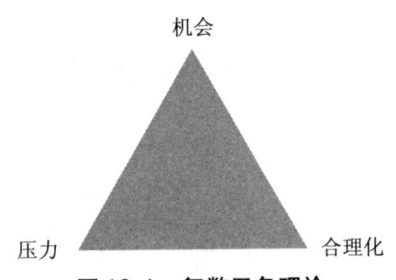

图12-1 舞弊三角理论

（2）机会

机会是指实施舞弊且不被发现或能逃避惩罚的可能性。如果舞弊者知道舞弊一定会被发现且会受到严厉惩罚，就绝不会进行舞弊。由于企业内部管理不可避免地存在漏洞，监管部门和企业通常不可能对所有经济业务的发生过程进行全面监督，事后审计也通常局限于抽样审计，因此发现舞弊成为小概率事件，且对舞弊的惩戒与处罚力度有限，这使舞弊成为可能。

通常情况下，如果企业缺乏防范舞弊行为的内部控制制度，缺乏相关惩罚措施，内部审计和监管制度不健全等都会为舞弊行为提供机会。

（3）合理化

舞弊者在面临压力、获得机会后，实施舞弊还要有一个合理化借口，即舞弊者需要找到某个理由，使企业舞弊行为与其本人的道德观念、行为准则相吻合，以寻求心理上的平衡。比如：我只是暂时借用这笔资金，以后有钱了再归还；大家都这样，我这样也很正常等。

当压力、机会和合理化三个重要因素归在一起时，舞弊就很有可能发生。在舞弊行为中，三个因素中的每一个都是必要的并且相互关联的。

了解了舞弊者的行为动机，我们就能知道内部控制的重要性，其根本作用在于减少舞弊发生的机会，尽可能堵住管理上的漏洞。

四、内部控制五要素

近30年来,美国在企业内部控制方面进行了诸多的研究和实践,使内部控制理论得到了重大改进,并为世界各国所广泛借鉴。如何建立一个完整的内部控制整体框架,对总经理加强企业管理具有重要意义。

企业建立内部控制制度的目的在于,提高企业经营管理水平,并加强企业的风险防范能力,促进企业可持续发展。一个有效和健全的内部控制制度至少包含图12-2所示的五个要素。

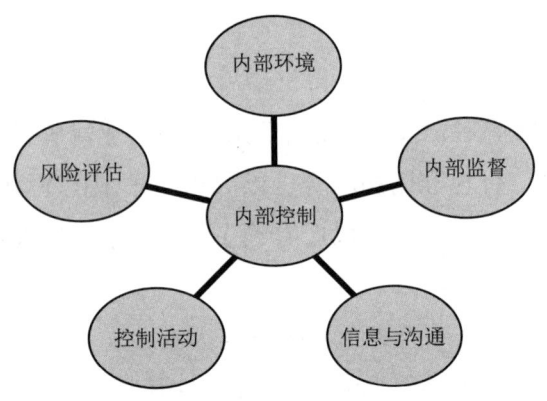

图 12-2　企业内部控制要素图

1. 规范的内部环境

内部环境是企业实施内部控制的基础,比如企业治理结构是否完善、机构设置及权责分配是否合理、是否拥有健康的企业文化,以及完善的内部审计、人力资源政策等。

内部环境是其他内部控制要素的根本，其中管理效率是一个重要的衡量指标。在上例中，公司在生产经营的过程中，出现了矿井安全隐患问题，但未得到领导重视，说明该公司某些员工，特别是管理层的人员亦在一定程度上缺乏安全意识；领导未能及时给予任何答复，也反映出该公司管理效率的低下。

【提示】内部环境的好坏取决于管理层的理念和经营风格。通常情况下，如果企业主要管理人员武断专行、刚愎自用，都会导致公司治理结构形同虚设，对内部控制环境造成破坏。

2001年，美国世通公司宣告破产。该公司曾经位列财富500强的第42位，鼎盛时期的雇员总数为8万人，年收入达352亿美元。其创始人伯纳德·埃伯斯从一家电话公司起步，通过兼并、收购、上市等一系列资本运作使公司快速扩张，于1995年更名为世界通信公司，埃伯斯任首席执行官（CEO）。到1999年6月21日，世界通信公司股票涨至64.50美元的最高峰，市值则冲破1960亿美元。2001年，大量收购行为导致世通高额负债并引起美国证券监管机构的关注，为此证监会展开调查，埃伯斯被迫辞职。在离职审计中，审计部门发现公司财务造假金额高达90多亿美元，而埃伯斯向世通公司的个人借款也高达3.66亿美元。

世通公司以及其他许多从零起步快速扩张最终破产的企业（如美国南方保健等），都表现出一个惊人的相似的特征，即公司创始人的个性刚愎自用，而且企业管理权限过度集中于创始人或CEO手中。这种控制权的过度集中导致公司治理结构中的监督、制衡功能难以发挥，通常在企业达到破产等不可挽回的地步后才被发现。我国许多小公司在做大过程中也存在类似问题，有时还未做成大公司就难以前进。公司治理结构在公司正常发展扩张中具有不可或缺的监督作用，同时也是对高管人员行为的必要制衡。内部环境是企业必须着力打造的企业氛围。

企业应当结合业务特点设置内部机构，如内部审计部门等，明确职责权限，将权利与责任落实到各责任部门。在达到一定规模后，企业还应当在董事会下设立审计委员会，负责审查企业内部控制，监督内部控制是否得到有效实施，并对企业内部控制进行自我评价。

2. 严谨的风险评估

风险评估就是企业采取一定的程序和方法，及时识别经营活动中的风险，并对风险进行系统分析，合理确定风险应对策略。上述煤矿公司的案例就是缺乏必要的风险分析程序，导致潜在风险未能及时被发现和防范。

某集团是一家从事海洋运输的公司，在全球90多个国家和地区设立有海外公司。2008年4月1日，该集团宣布成立集团风险控制和管理委员会，集团总裁亲自担任委员会主任，旨在加强集团风险控制和管理。

2006年6月以来该集团两次爆出"资金门"事件。2008年春节前后该集团驻韩国釜山公司被查出挪用公司巨额运费收入及部分投资款，公司内部人员先后进行非法截留转移多达一百多次，被挪走的资金总额大约4000万美元，约合人民币3亿元。釜山分公司采用的造假手法包括虚报费用、虚开发票、和供应商内外勾结等。

该集团的财务体制是：控股公司掌控下属企业的全部财务和资金结算，海外分公司通常都采取独立核算制度，分公司只需要在年底报年账，不需要报明细账，有些公司甚至连现金流都不用向总部汇报。如果海外分公司不涉及上市公司，总部通常也不对海外分公司实施定期审计。公司内部控制存在的严重漏洞导致财务造假和巨额资金挪用。

该集团成立集团风险控制和管理委员会，事实上就是针对该事件的，并进一步借此完善公司的内部治理结构，建立风险评估制度，加强公司防范风险的能力。

一个严谨的风险评估程序通常包括以下步骤：

（1）进行风险分析

近年来，西方国家开始出现风险分析团队和首席风险分析师，企业设置风险控制委员会，其目的就是进行风险分析和判断。风险分析需要具备专门技术，采用定性与定量相结合的方法，按照风险发生的可能性及其影响程度等概率进行测算，对识别的风险进行分析和排序，确保风险分析结果的准确性。

我国企业也在逐步建立风险控制机构，上述中海集团的案例就是一个典型代表。建立风险控制和管理机构的目的就是使企业的风险防范和控制行为规范化、制度化和长久化。

（2）确定风险应对策略

企业应当根据风险分析的结果，在风险与收益中进行权衡比较，并结合企业的风险承受度，确定风险应对策略，以对风险进行有效控制。通常情况下，企业可以采取的风险应对策略有三种：

1）规避风险

对于超出企业风险承受度的事项，企业可以选择放弃或者停止与之相关的业务活动，以避免和减轻损失。比如本书第五章提到的好易控公司针对某大型国企的中控产品销售及安装调试服务，如果该状况不能改善并长期持续下去，好易控公司就应当采取避免越陷越深、公司积压款过多的策略，其作用就是减少乃至停止与该国有企业的合作。

2）降低风险或分担风险

降低风险是指从企业内部采取适当的控制措施降低风险或者减轻损失，将风险控制在风险承受度之内的策略。

分担风险是指企业借助外部力量，采取业务分包、购买保险、合作经营等方式，将风险控制在风险承受度之内。比如钢铁企业为保证原材料供应与上游铁矿石厂商联营，就是一种分担风险的方式。

3）承受风险

承受风险是指企业对风险进行评估后，认为风险可以接受，准备实施新项目。通常情况下，企业应该对项目的风险进行充分估计并有充足的应对措施。

（3）风险的持续关注

企业的风险随实际情况和环境的变化在不断发生变化，企业需要根据不同发展阶段的具体情况，结合业务拓展，持续收集并关注与风险变化有关的信息，不断调整对风险的评价和分析，并及时调整风险应对策略，对风险进行适时动态的把握。

（4）重大风险预警机制

通过重大风险预警机制和突发事件应急处理机制，可以及时应对可能发生的重大风险或突发事件，确保突发事件得到及时妥善处理。

3. 有效的控制活动

内部控制在企业管理中具有极其重要的意义，企业内部控制制度的实施在很大程度上依赖于控制活动。控制活动是企业根据风险评估结果所采用的相应控制措施，其目的在于将风险控制在可承受度之内。企业的控制活动通常应包含以下几个方面：

（1）不相容职务分离控制

凡是业务流程中所涉及的不相容职务，需要实施相应的分离措施，形成各司其职、相互制约的工作机制。

企业不相容职务的内容主要有：钱账分离、物账分离。前者包括现金、银行存款的管理，后者主要体现在仓库的实物管理和账务管理必须分离。这些内容在本书第二部分均已做了详细介绍。

（2）授权审批控制

企业应对业务进行详细分类管理，区分常规授权和特别授权。对于特别授权项目必须要有总经理和相关高层管理人员审批方可执行，其目的在于明确权限、审批程序和相应责任。

通常情况下对于日常重复性项目实行常规授权，对于重大决策项目和突发项目都应该实行特别授权。此外，集体决策审批或者联签制度能更好地提高决策的科学性并降低风险。

（3）会计系统控制

会计系统控制能有效地防范内部错误和舞弊。会计系统控制要求企业加强会计工作，包括会计凭证、会计账簿和财务会计报告的管理和控制。关于这点，本书第十三章将详细论述。

（4）财产保护控制

财产保护体现在两个方面：一是财产的日常管理，包括财产记录和实物保管；二是定期清查，包括定期盘点和账实核对。

财产保护控制还需要加强对重要财产接触的限制，比如未经授权的人员不得接触财产。财产处置行为通常需要通过特别授权后才能进行。

(5) 预算控制

实施全面预算管理制度，可以明确各责任单位在预算管理中的职责权限，并通过预算加强对各项支出的约束，以强化内部控制。

(6) 运营分析控制

采用因素分析、对比分析、趋势分析等方法，对生产、购销、投资、融资、财务等方面的信息，定期开展运营情况分析，可以发现存在的问题，比如导致成本上升的因素到底是原材料上涨还是人工费用上涨，或是废品率高，并通过运营分析进行深层了解，及时查明原因并加以改进。运营分析见本书第三章。

(7) 绩效考评控制

通过设置考核指标体系，对企业内部各部门及员工业绩进行定期考核和客观评价，将考评结果作为确定员工薪酬以及职务晋升的依据，能调动员工的积极性，并使工作业绩与个人报酬结合起来，促进企业业绩的提升。关于薪酬管理的介绍详见本书第八章。

4. 良好的信息与沟通

及时准确地收集、传递相关的信息，确保信息在企业内部、企业与外部之间畅通无阻并能得到有效的反馈，是良好的信息与沟通控制的关键。信息与沟通控制的主要内容包括：

（1）建立信息与沟通制度

明确内部控制相关信息的收集、处理和传递程序，确保信息得到及时处理。前述煤矿公司的案例当中一个重大内控缺陷，就是员工关于安全风险的信息未得到有效反馈和处理。

除企业内部各单位间的信息沟通外，企业还应建立与外部投资者、债权人、客户、供应商、中介机构和监管部门等有关方面间的信息沟通和反馈制度，以便及时发现问题及时解决。

（2）信息技术及信息共享

利用信息技术能更好地促进信息的集成与共享，扩大信息在企业内部的传递和影响。因此，信息系统开发与维护、文件储存与保管、网络安全等控制都是企业应该完善的内部控制制度。

（3）反舞弊机制

反舞弊机制的重点在于预防。通过建立舞弊案件的举报、调查、处理、报告和补救程序，可在一定程度上加强员工的舞弊恐惧心理，发挥企业内部管理的震慑作用，从而降低员工舞弊的动机和可能性。

图 12-3 是美国毕马威会计师事务所对发现财务舞弊的调查结果，从图中可以看出，内部控制是发现舞弊的最重要手段，52% 的舞弊行为都是通过内部控制发现的。

美国注册舞弊检查师协会 2004 年进行了关于职务舞弊的统计调查。数据显示，内部控制、内部审计检查、警方通知、匿名揭发、外部审计和意外事项是发现职务舞弊的最主要方式。其中匿名揭发是最为有效的。

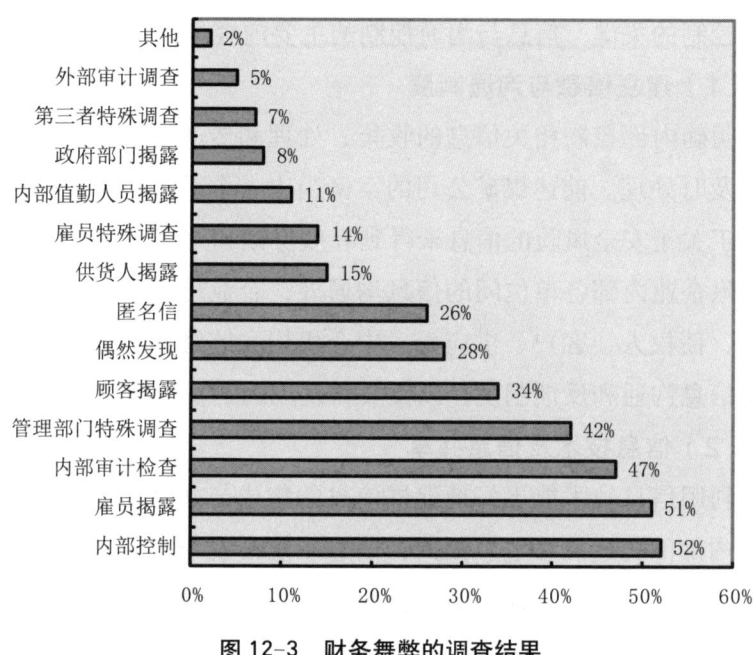

图 12-3　财务舞弊的调查结果

这也进一步说明了建立反舞弊机制和良好的信息与沟通制度的重要性。

5. 内部监督

仅仅建立制度是不够的,还需要对制度的执行情况进行监督。内部监督的目的就是定期评价内部控制的有效性,发现内部控制缺陷,并及时加以改进。

企业一方面要对内部控制的实施情况进行常规、持续的日常监督检查,同时也需要对影响企业发展战略、组织结构及经营活动等重大调整或变化,进行有针对性的专项监督检查。

通过监督检查可以发现企业内部控制存在的缺陷:一是内控

设计方面是否存在缺陷,比如未对重大资产进行特别授权管理等;二是内控制度的执行是否存在缺陷,即内控制度在各个部门的贯彻情况,包括人员配备与分工等。

通过监督检查对内部控制的有效性进行自我评价,对监督过程中发现的内部控制缺陷,应当及时提出整改方案,并向管理层报告,寻找改进措施。

第十三章

财务细节管理

原始凭证是企业经济活动的客观记录,企业应该定期进行对账和结账工作,以保证企业账务系统的真实性。建好和管好公司账能给企业减少不少麻烦。企业的会计资料需要妥善保管,中小股东也有权力查阅公司账簿。信息化系统是当前企业财务管理的发展趋势,恰当利用财务软件能提高公司的管理水平。

一、建好管好公司账，企业麻烦少

1. 公司账务系统的主要目的

企业在创建时就应该及时建立公司账，在企业存续期内则需要管理好公司账，其主要目的在于：

（1）满足企业经营管理需要

完整的账务系统能加强企业内部管理，及时了解企业的财务状况和经营成果，发现问题并进行财务控制。建账也是企业税收筹划的需要。比如企业申请增值税一般纳税人资格等，税务机关都会要求其建立规范的会计核算，要能准确核算进、销项税额，及时进行纳税申报。否则企业很难取得一般纳税人资格。没有一般纳税人资格的企业在经营过程中会有很多不便，公司也难以扩张。

（2）满足企业外部相关部门和人员了解企业财务信息的需求

比如公司股东。通常情况下，参加企业经营管理行为的只是少数股东，大多数股东并未直接参与企业经营管理，其对企业管理水平的高低和管理效果只能通过企业的账表进行了解。此外，税务稽查部门在必要时也会进入企业查账。

公司账就是完整记录和反映企业经济活动的过程。建好管好公司账，企业的麻烦就会少多了。

2. 公司账务系统的主要程序和功能

企业的整个账务系统需要按照图 13-1 所示的程序设计，并满足相应的功能：

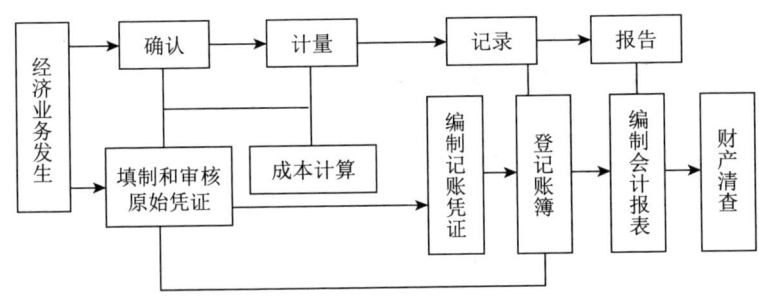

图 13-1　企业账的流程及功能

（1）确认功能

该功能主要是通过对原始凭证的审核，对企业实际发生的经济业务做出进一步验证。本章下一节将对此详细介绍。

（2）计量功能

该功能的主要作用是对外购商品和自制产品进行成本核算，并以此作为入账依据，在账务系统中加以记录，同时也是企业制定销售价格的依据。关于成本核算的介绍详见本书第七章。

（3）记录功能

记录功能主要是以原始凭证和成本核算为依据，编制记账凭证，并登记账簿。其中会计科目应该以我国《企业准则》为基础，并结合企业实际情况进行设置。其目的是力求准确、清晰、恰当地对企业业务进行全面记录和反映。

（4）报告功能

报告功能主要体现在编制会计报表。财会部门定期将日常核算资料经过再加工整理和归类汇总，形成一整套反映经营活动及其成果状况的财务报表体系。报表格式和内容见本书第二章。

二、不要小看了原始凭证

1. 原始凭证：经济业务发生的证据

2005年国家审计署对国有企事业单位进行了审计。事后的总结报告称，事业单位科研经费开支不规范，有部分科研单位随意报销科研费用，将孩子吃麦当劳的支出都作为科研经费进行报销。还有同一人在同一段时间在南北不同的两个地方出差住宿的情形等。

审计署是如何知道这些情况的呢？其实很简单。通过审查记账凭证和其后附的原始凭证，发现有麦当劳开具的餐饮费发票，说明是在麦当劳的消费支出，由此不难得出上述结论。此外，通过差旅费的报销凭证可以了解到具体出差人员、时间、地点等。原始凭证揭示了事情的真相。

原始凭证又称单据，是在经济业务发生取得的原始单据。原始凭证的最大作用就是证明经济业务发生或完成情况。原始凭证的来源有两种：一种是从外部取得的，比如，企业从外部购买原材料对方开具的发票、出差的火车票、住宿票等；另一种是企业内部开具的,如发货单、领料单以及企业销售产品给客户开具的发票等。原始凭证是记账的依据。

原始凭证具有较强的法律效力,是经济业务发生的第一手资料。企业在发生经济业务时,必须取得原始凭证,并及时将原始凭证送交会计部门,以保证会计核算工作的顺利进行。

某公司是1994年正式创立的股份有限公司,在进行股份制改组时,公司董事长兼总经理隋某与公司高管商议,由公司自己购买部分内部职工股,减小公司分红压力,也便于操纵利润。1997年1月,该公司在深交所挂牌上市。为了维护公司形象,每年初都制定了一个年增长速度在50%以上的发展计划和利润目标,如果公司的实际生产情况不能实现该任务,就在每年年中和年底抛售内部职工股的收入来弥补。

为此,公司形成了一个由证券部、财务部和经营销售部门分工合作组成的"造假小组"。由证券部负责抛售股票提供资金。为了增加企业的主营业务收入,公司经营销售部门负责伪造合同与发票。公司经营销售部门人员采取修改客户合同、私刻客户印章、向客户索要空白合同、粘贴复印伪造合同等手段,从1997年开始,先后伪造销售合同1242份,虚开销售发票2079张,金额达17.0823亿元。同时,为了应付审计,销售部门还伪造了客户的函证。

公司财务部负责拆分资金和做假账。财务总监在银行的配合下,中转、拆分由证券公司所得的收入,并根据伪造的客户合同、发票,伪造银行进账单以及相应的对账单,将上述抛售股票的收入做成产品销售收入。销售部门人员还与客户串通,通过向客户汇款再由客户汇回的方式,虚增销售收入。

2001年7月,中国证监会对该公司进行了调查。2002年5月,公司股票被深圳证交所做特别处理。2002年10月,该公司被检察院以提供虚假财务报告罪追究刑事责任，多名高管也被判刑。

该公司为了将抛售内部职工股的收入虚增销售收入可谓"煞费苦心"，公司动用大量人力伪造原始凭证，以使企业的会计资料显得更真实。可见企业原始凭证是对企业经济业务的最真实的证明。

知识链接

[刑法修正案条文第162条]隐匿或者故意销毁依法应当保存的会计凭证、会计账簿、财务会计报告，情节严重的，处五年以下有期徒刑或者拘役，并处或者单处二万元以上二十万元以下罚金。对其直接负责的主管人员和其他直接责任人员，依照前款的规定处罚。

[会计法第44条]隐匿或者故意销毁依法应当保存的会计凭证、会计账簿、财务会计报告，构成犯罪的，依法追究刑事责任。尚不构成犯罪的，由县级以上人民政府财政部门予以通报，可以对单位并处五千元以上十万元以下的罚款；对其直接负责的主管人员和其他直接责任人员，可以处三千元以上五万元以下的罚款；属于国家工作人员的，还应当由其所在单位或者有关单位依法给予撤职直至开除的行政处分；对其中的会计人员，五年内不得从事会计工作。

[会计法第45条]授意、指使、强令会计机构、会计人员及其他人员伪造、变造会计凭证、会计账簿，编制虚假财务会计报告或者隐匿、故意销毁依法应当保存的会计凭证、会计账簿、财务会计报告，构成犯罪的，依法追究刑事责任；尚不构

> 成犯罪的，可以处五千元以上五万元以下的罚款；属于国家工作人员的，还应当由其所在单位或者有关单位依法给予降级、撤职、开除的行政处分。

2. 原始凭证：容易被篡改的会计资料

原始凭证是报销的直接依据，也通常容易被篡改。原始凭证存在的问题主要有以下几点：

（1）形式不合规

原始凭证上要求填列的项目必须逐项填写齐全，不得遗漏和省略。年、月、日要按照填制原始凭证的实际日期填写；单位名称要写全称，不能简化；商品品名或用途要填写明确，不能含糊不清。

有些企业将一些不符合规范的票据作为原始凭证进行入账处理，这些行为违反了相关的规定，具体表现在：

◇以收据代发票入账。比如到一些商贩处购买未取得正规发票，就以收据代替；

◇以合同代发票入账。如与客户签订的销售合同、采购人员填制的材料请购单等，不能作为原始凭证并据以记账；

◇以白条入账。很多情况下企业总经理及管理人员对于一些难以说明用途的开支直接采取白条冲账。这些都是违背相关规定的行为。

（2）内容不真实

原始凭证的种类繁多，具体的填制方法和要求也不一样，但是就原始凭证应反映经济业务、明确经济责任而言，原始凭证填列的日期真实、填列的经济内容真实、填列的数据真实。即原始凭证上记载的各项经济内容，必须与实际情况完全符合。而且，必须要有经办业务的有关部门和人员签章。

3. 原始凭证的审核

原始凭证的审核，既是对企业实际发生的经济业务的核实，也是对会计人员工作正确性的检验，因此是必不可少的。原始凭证主要的审核内容包括：

（1）编号连续、顺序使用

各种凭证要连续编号，以便查考；填制时要按照编号顺序使用。一式几联的原始凭证，一般应当注明各联用途，只能以其中一联作为报销凭证。一式几联的发票和收据，必须用双面复写纸（发票和收据本身具备复写功能的除外）套写，如发票、支票等重要凭证；如果已预先印定编号，作废时应加盖"作废"戳记，连同存根一起妥善保存，不得撕毁。

（2）不得随意涂改、刮擦、挖补

各种原始凭证不得随意涂改、刮擦、挖补。发现原始凭证有错误的，应当由开出单位重开或者更正，更正处应当加盖开出单位的公章，不得自行在原始凭证上更正。对于重要的原始凭证，如支票以及各种结算凭证的填写错误，则不得在原始凭证上更正，而应按规定的手续办理注销留存，另行填写。

（3）原始凭证书写是否规范

原始凭证要按照规定填写，字迹端正，易于辨认。原始凭证的数字书写规范主要包括阿拉伯数字金额和汉字大写数字金额两个方面。文字要工整，不能潦草；复写的凭证要不串格、不串行、不模糊。凡是有大写和小写金额的原始凭证，大写与小写金额必须相符。

在把好原始凭证关后，如果有规范的会计处理系统，记账凭证的把关就可以借助计算机以及会计电算化等完成了。

三、做好对账和结账工作

账簿，是根据会计凭证，对企业经济业务连续、系统、全面的反映。通过账簿，可以了解企业一段时期内所有的经济业务，并对其合理性进行初步判断。查账，就是首先从账簿开始，对于有疑问的经济业务则进一步查到其记账凭证和原始凭证，以验证其合理性。

因此，账簿是对企业经济业务的总括反映。定期对账和结账具有重要的管理意义。

1. 对账

对账是对账簿所做的记录进行全面核对。对账不仅是会计核算的一项重要内容，也是审计常用的一种查账方法。

对账通常是在月末进行，对账的主要内容包括账证核对、账账核对、账实核对。

（1）账证核对

账证核对是将各种账簿记录与有关的记账凭证及其所附的原

始凭证进行核对。核对时，应将会计账簿和会计凭证所记录的记账时间、摘要内容及金额等内容相互对比，以保证二者相符。这种核对平常会计在编制记账凭证和记账过程中，通常要随时进行，做到随时发现错误，随时查明纠正。但是在月末如果发现总分类账试算不平衡、账账不符或账实不符等情况，需追溯到会计凭证进行账证核对。核对时，主要是抽查与账账不符或账实不符的有关凭证，不需要对全部凭证进行核对。

（2）账账核对

账账核对是指根据不同账簿之间的内在关系，核对其金额是否相符。企业的账簿体系是一个有机整体，既有分工又有衔接，利用这种钩稽关系，可以通过账簿之间的相互核对发现记账工作是否有误。账账核对主要从以下几个方面进行：

◇总分类账户本期发生额及余额的核对。根据"资产＝负债＋所有者权益"这一会计恒等式，检查总分类账簿之间是否存在上述平衡关系。

◇总账与所属明细账之间的核对。比如应收账款、应付账款、存货等都是既有总账又有明细账的项目。总账与所属明细账之间的核对主要是检查其借、贷发生额及期末余额的合计数是否相符。

◇库存现金日记账、银行存款日记账与其总分类账余额之间的核对。主要检查库存现金、银行存款账户本期发生额及期末余额与总账是否相符。

◇会计部门有关财产物资明细分类账余额与财产物资保管、使用部门的明细分类账余额核对。核对方法一般是由财产物资保管部门或使用部门，定期编制收发存汇总表报会计部门核对，主要检查各方期末财产物资结存数是否相等。

（3）账实核对

账实核对是指将账簿中记录的各项财产物资的结存数同库存现金、银行存款、各种有价证券及其他各项财产物资的实存数进行核对，这种核对工作又称财产清查。账实核对主要从以下几个方面进行：

◇库存现金日记账的账面余额同实地盘点的库存现金实有数之间的核对。库存现金的账实核对应逐日进行，同时还应进行不定期的抽查。本部分内容具体见第四章。

◇银行存款日记账的账面余额应当同各开户银行对账单之间的核对。银行存款的账实核对一般通过编制"银行存款余额调节表"进行，通常每月核对一次。该内容具体见第四章。

◇各种财产物资明细账账面结存数同财产物资的实际库存数之间的核对。此项核对根据财产物资清查的要求，定期或不定期地进行。该部分具体见第六章。

◇有关债权债务明细账账面余额与对方单位的记录之间的核对。各种应收、应付款项明细分类账的账面余额同有关债权、债务单位或个人的账目之间的核对；各种应交款项明细分类账的余额同税务部门等有关部门之间的核对。此项核对，一般通过函证的方法，定期或不定期地进行。该部分具体见第五章。

2. 结账

对账完成后接下来就是结账工作。结账，是指在将本期发生的经济业务全部登记入账的基础上，结算出每个账户的本期发生额和期末余额，并将期末余额结转至下期的一种方法。结账在月末、季末、年末进行。

通过结账，可以总结某一会计期间的经营活动情况，考核经营成果，分清上下期的会计记录，并据以编制会计报表。

结账的目的通常是为了总结一定时期的财务状况和经营成果，因此结账工作一般是在会计期末进行的，可以分为月结、季结和年结。结账主要采用划线法，即期末结出各账户的本期发生额和期末余额后，加划线标记，并将期末余额结转至下期。划线的具体方法在月结、季结、年结时有所不同。

（1）月结

月底应办理月结。在各账户本月份最后一笔记录下面划一通栏红线，表示本月结束。然后，在红线下结算出本月发生额和月末余额。如果没有余额，在余额栏内注明"平"字或"0"符号。同时，在"摘要"栏注明"本月合计"或"×月份发生额及余额"字样，然后在下面再划一通栏红线，表示完成月结。

（2）季结

季末应办理季结。办理季结，应在各账户本季度最后一个月的月结下面（需按月结出累计发生额的，应在"本季累计"下面）划一通栏红线，表示本季结束；然后，在红线下结算出本季发生额和季末余额，并在摘要栏内注明"第×季度发生额及余额"或"本季合计"字样；最后，再在本摘要栏下面划一通栏红线，表示完成季结工作。

（3）年结

除了正常办理月结、季结外，在第四个季度下结出全年的发生额和余额，并在摘要栏注明"本年累计"，然后在年结栏下面划双红线，以表示年度的结账工作结束。年度终了，还要把各账户的余额结转到下一会计年度，并在摘要栏内注明"结转下年"字样。

四、会计账簿该保管多久呢

1. 会计账簿的报告期限

会计凭证作为记账的依据,是重要的会计档案和经济资料。会计凭证记账后必须进行整理、装订、归档和存查工作。这就是会计资料的保管。会计资料保管的目的主要有:

(1)供本企业查阅用

本企业以及有关部门、单位,可能因各种需要查阅会计凭证,特别是发生贪污、盗窃、违法乱纪行为时,会计凭证和会计账簿还是依法明确相关责任处理经济问题的有效依据。

(2)税务部门检查

税务部门基于稽查管理的需要,会在认为必要时或有疑问时(比如企业被举报等)查账。通常税务部门检查的内容包括:

◇检查纳税人的账簿、记账凭证、报表和有关资料,检查是否真实。

◇到纳税人的生产、经营场所和货物存放地检查纳税人应纳税的商品、货物或者其他财产,检查扣缴义务人与代扣代缴、代收代缴税款有关的经营情况和相关资料是否真实。

因此,会计凭证会计账簿是重要的经济资料和会计档案。企业在完成经济业务手续和记账之后,必须将会计凭证和会计账簿按规定的立卷归档制度形成会计档案资料,妥善保管,防止丢失,不得任意销毁,以便于日后随时查阅。企业会计档案的保管期限见表13-1。

表 13-1　企业和其他组织会计档案保管期限

序号	档案名称	保管期限	备注
一	会计凭证		
1	原始凭证	30年	
2	记账凭证	30年	
二	会计账簿		
3	总账	30年	
4	明细账	30年	
5	日记账	30年	
6	固定资产卡片		固定资产报废清理后保管5年
7	其他辅助性账簿	30年	
三	财务会计报告		
8	月度、季度、半年度财务会计报告	10年	
9	年度财务会计报告	永久	
四	其他会计资料		
10	银行存款余额调节表	10年	
11	银行对账单	10年	
12	纳税申报表	10年	
13	会计档案移交清册	30年	
14	会计档案保管清册	永久	
15	会计档案销毁清册	永久	
16	会计档案鉴定意见书	永久	

2. 启用会计账簿的规则

会计账簿使用完毕后要妥善封存保管，同时启用新账簿。为防止舞弊行为，保证财务管理工作的质量，企业需要按照一定的规则启用账簿：

◇ 启用新的会计账簿，应当在账簿封面上写明企业名称和账簿名称。

◇ 启用新的会计账簿，应填写"账簿启用登记表"。"账簿启用登记表"的格式和内容如表13-2所示。

表13-2　账簿启用登记表

单位名称：		账簿页数：				
账簿名称：		启用日期：				
账簿册数：		记账人员：（签章）				
账簿编号：		会计主管：（签章）				
交接日期			移交人	接管人	会计主管	印花税票粘贴处
年	月	日				

注：在账簿启用登记表的空白处需要足额粘贴印花税票。

在启用新的会计账簿时，应登记启用日期、账簿起止页数、记账人员和会计机构负责人或会计主管人员姓名，并加盖名章和单位公章。启用新的会计账簿时还应填写"账户目录"。

当记账人员、会计机构负责人或会计主管人员调动工作时，应办理账簿交接手续，要在"账簿启用表"上注明交接日期、接办人员或者交接监督人员姓名，并由交接双方签名或者盖章，以明确有关人员的责任，维护会计账簿记录的严肃性。

五、中小股东有权查阅账簿吗

2007年6月，北京市二中院审理某技术服务公司股东朱女士要求查阅公司原始会计账簿的诉讼案，最终判决朱女士胜诉，要求该技术服务公司向朱女士提供1996年至2006年的原始会计账簿供其查阅。该案是《中华人民共和国公司法》修改后，北京市法院首次依法确认公司的股东有权查阅公司原始账簿。

1996年，朱女士出资25万元成为该技术服务公司股东，并任公司董事。但此后10年来，技术服务公司均以经营亏损或持平为借口，不进行利润分配。朱女士不仅没有见到红利，而且始终不能了解公司业务和财产状况。朱女士提出要求查阅公司1996年至2006年的原始会计账簿，但公司不予理睬，且声称其"长期生活在国外，公司与其联系不上，其未参与过公司的经营活动，造成其不知道公司经营情况"。朱女士于是诉诸法院。

公司股东，特别是那些不参与公司经营的中小股东，有权查阅包括原始账簿在内的会计账簿。

知识链接

修改后的《中华人民共和国公司法》规定，股东不仅有权查阅、复制公司股东会会议记录、财务会计报告，也可以查阅公司会计账簿。股东的上述知情权不能因其不在公司内部或未参与管理经营而被剥夺。

新公司法虽然规定了股东可以查阅会计账簿,但没有明确列出查账的范围包含"会计原始凭证",将可能使得控制股东可以逃避查账。因为实践中会计账簿都是根据会计原始凭证作出的,会计原始凭证极为重要,但是并未明示列入查账对象之中,无疑不利于保护中小股东财务知情权。确认股东具有查阅公司原始账簿的权力,对于保护股东尤其是中小股东的权益,帮助股东能更好地了解公司运营具有重要意义。

六、运用信息化进行财务管理

会计电算化与财务管理软件,是企业财务管理发展史上的一场新的技术革命,它改变了传统的会计业务处理过程和管理模式,对企业财务管理的改革产生了深远的影响。企业采用会计电算化与财务管理软件,能有效提高工作效率和实现资源共享,并有利于实现企业管理信息化。比如很多企业采用的"用友"软件或"金蝶"软件,具有较强的实用性。再如"管家婆"软件能较好地实现中小公司"进销存、财务管理一体化"功能,帮助企业解决财务管理中的现实问题。

采用电算化系统进行数据处理,一般要经过系统调查、分析、设计、调试及试运行和系统维护等过程。在采用账务处理模块基本操作时,通常包括以下步骤:

(1)系统初始化

系统初始化是指会计电算化系统在初次使用时,根据单位的实际情况进行参数设置。

系统初始化阶段的一个重要工作就是设置操作员及其权限，根据会计电算化的要求设置操作人员，并规定其操作权限。

（2）日常账务处理操作

根据提供的会计业务资料，利用会计核算软件完成凭证录入、审核、修改、查询、记账和结账工作。

首先录入凭证。其次，如果发现有错误，则对记账前的机内错误会计凭证进行修改。接下来进行凭证审核。只有经过审核的记账凭证才允许记账。凭证输入、审核不能为同一个人。审核人不能直接修改会计凭证。

目前ERP系统开始越来越广泛地被大中型企业所使用。ERP系统跳出了传统企业边界，在传统的物料需求计划管理基础上发展为供应链管理系统，从供应链范围去优化企业的资源。这种新型的集成化管理信息系统，集信息技术与先进管理思想于一身，成为现代企业的运行模式。企业在发展到一定规模后，应结合自身经营特点及时进行管理系统更新，以促进企业发展。

第十四章

财务人员管理

事在人为。企业财务目标能否实现,依赖于财务部门和财务人员,任人唯亲未必总有效。建立健全的企业财务制度,合理设计财务岗位,是发挥财务部门职能的重要保证。专业胜任能力和职业道德是企业聘用财务人员的准则。建立合理的财务人员考核与激励制度能有效发挥财务人员的工作积极性,通过财务管理促进企业经营目标的实现。

一、财务部门发挥其职能了吗

商品社会中,企业作为营利性组织,其经营目标就是生存、发展和获利。离开财务管理,这些目标的实现就无从谈起了。

企业的财务部门,就是要根据公司的发展战略和规划,制定和实施公司融资方案、投资方案,分析资金利用水平、合理分配公司收益,并通过建立有效的财务管理制度,使上述行为得以有效规范地开展。预测决策、计划控制、分析检查是企业财务部门的基本职能。

私营企业作为我国经济中的一个特殊企业群体,这些年来得到了迅速的发展壮大,极大促进了我国国民经济的活力。私营企业经营管理中的灵活性,也大大挑战了国有企业的僵化的管理模式。但我国私营企业,尤其是中小规模的私营企业,其财务管理中存在诸多问题,主要表现在:

(1) 出资人管理企业,全而不专

中小私营企业通常是自己出资,自己经营,最大的股东直接负责企业的经营管理,其优点在于企业决策灵活及时,且具有更强的责任心;缺点在于企业管理者通常缺乏专业管理和财务知识,对财务管理工作的参与并不会提供财务管理的效率和效果。初创期的企业负责人往往会表现出面面俱到、胡子眉毛一把抓的特点，容易造成企业财务管理部门从建立时就混乱不清的现象。

（2）重视销售与技术，忽视财务管理

中小私营企业通常以市场作为公司重点，销售额达到一定规模时则注重新产品的研发，结果是常常忽视财务管理的重要性及对企业的管理作用。

这一方面是由于企业经营的初期，资本有限，资本金较少，另一方面还是由于企业负责人缺乏财务理念。从长远角度来看，企业要取得快速发展必须依赖财务管理。

（3）缺乏高素质的财务管理人才

受到企业规模和性质的限制，私营企业往往难以聘任到高素质财务管理人员。而且由于私营企业的家族性质，强调"忠诚度"和"可靠度"等，表现在财务人员的聘用上，则更倾向"任人唯亲"，也使优秀的财务人员难以留住。这些在一定程度上影响了企业财务管理职能的发挥。

二、合理设置财务岗位

企业应设置相应的财会部门作为企业的会计机构。企业根据自身规模的大小，可以将财务部与会计部分开设立，也可以合二为一。企业会计机构的主要职责包括组织会计核算、进行会计监督、制定本单位的内部会计制度和会计政策、参与本单位各种计划的制定和考核、进行会计分析、实施会计控制。

岗位责任制是设置和管理会计机构的主要方式。会计人员岗位责任制，就是在企业内部按照会计工作的内容和需要，将会计机构的工作划分为若干个岗位，配备会计人员，并为每个岗位规定职责和要求的责任制度。

1. 大中型企业财务机构的岗位设置

就大中型企业而言，会计工作岗位一般可分为：会计机构负责人（通常称为"CFO"）或会计主管、出纳、财产物资核算、工资核算、成本费用核算、财务成果核算、资金核算、往来核算、总账报表、稽核、档案管理等。这些岗位可以一人一岗、一人多岗或一岗多人。

需要指出的是，为了加强内部控制，必须执行不相容岗位分离制度，比如出纳人员不得兼任会计、会计档案保管和收入、费用、债权债务账目的登记工作等。

企业也可以按经济业务和会计方法相结合的原则进行分工，设置资金核算组、成本核算组、综合报表组、审核分析组和计划决策组等，以发挥会计的职能作用。

岗位设置的目的在于，使各岗位目标和责任更加清晰。但同时也需要加强会计岗位之间的分工协调，以便提高会计工作效率，发挥企业的财务管理职能。

2. 小企业财务机构的岗位设置

对于小企业而言，为降低企业管理成本，可以简化财务部门，但至少需要设置以下财务岗位：

（1）出纳和仓储保管

出纳主要负责企业的资金的存取等，仓储保管负责企业产品或商品的入库、出库。在本书第四章和第六章我们分别强调了货币资金和存货管理的重要性。因此这一岗位的财务人员是不可或缺的。

（2）会计

会计主要负责做账、记账和编制报表，以及企业纳税申报等。在企业规模较小时，也可以聘请专业的财务代理公司或代理记账公司。但企业内部也必须要有严格的记录，否则最后很可能成为一本糊涂账。

如果条件许可，企业应设置主管会计，以加强财务管理工作。中小企业在发展到一定规模后，财务部门的管理工作一定要及时跟上，包括岗位设置与分工可以越来越细，确保财务管理的规范化。

三、健全财务制度

1. 建立健全的财务制度

无论是大企业，还是小企业，都需要建立财务制度。对于大企业而言，可直接采用我国财政部 2006 年颁发的《企业财务通则》作为企业财务规范，分别建立财务决策制度、财务决策回避制度、财务风险管理制度以及财务预算管理制度，构建完整的企业财务管理体制。

一个良好的企业财务管理体制应对企业资金筹集、资产营运、成本控制、收益分配、重组清算、信息管理、财务监督等方面进行全面的规范，使企业相关财务行为制度化、程序化。

对于小企业而言，必须建立内部稽核制度和内部牵制制度、财务审批权限和签字制度、成本核算和财务会计的分析制度等，本书第二部分所介绍的各项资产的管理，如货币资金、往来款项、存货等资产都需要有严格的管理制度。在此基础上，企业可以建立风险防范制度、内部审计与监督制度等，确保企业的资产得到保护、财务管理目标得以实现。

2. 岗位轮换制度

为了加强会计人员对企业各业务流程的熟悉，提高会计人员的业务素质和技术水平，企业应该要求会计人员在不同的工作岗位上有计划地进行轮换。岗位轮换也有利于加强会计监督，能够减少由于长期占据某一岗位可能发生的舞弊行为和差错情况。

某公司主要从事矩阵产品的生产与销售。李经理特地聘请了自己的表妹负责现金出纳，请高中同学负责仓储保管。企业报表就请代理记账公司负责编制并代理纳税申报。三年来大家相安无事。今年李经理的高中同学因家里有事请辞回乡，正好李经理的妻子办理内退，决定亲自来企业做现金出纳，表妹则做仓储保管。公司对存货和货币资金进行了全面审查。结果发现，现金日记账中有将支付物业费、取暖费的收据复印重复入账现象，存货账本和实物亦相去甚远。李经理认为，表妹和同学都不是外人，怎么也不那么可靠呢？

任人唯亲只能给管理者一种心理安慰，但管理的规范还得靠制度约束。长期没有约束的管理制度会给舞弊者以机会和诱惑。

如果李经理能定期对货币资金和存货进行审查，并将二者岗位进行定期轮换，那这种管理上的漏洞就可以有效避免了。

四、财务人员的管理、考核与激励

1. 财务人员的聘用

企业聘请财务人员应首先确定财务人员的专业水平。财政部印发的《会计人员管理办法》第4条规定：会计人员从事会计工作需持有会计专业技术资格等相关专业资格资质证书，或持有会计类专业学历（学位）或相关专业学历（学位）证书，且持续参加继续教育的，表明具备从事会计工作所需要的专业能力。2017年11月4日，国家正式宣布取消会计从业资格证书（简称"会计证"）考试，会计证取消后，初级就成为会计行业的"入门证书"，虽然新《中华人民共和国会计法》没有要求从事会计工作必须持有"初级会计证"，但是在行业内，一般要求要有初级证书。会计职称证书是会计人员就业、升值加薪的主要依据。会计人员应当遵守职业道德，提高业务素质。

由此可知，专业胜任能力是总经理必须把握的标准。通常情况下，社会资格考试能较好地说明应聘人员的专业水准。此外，职业经验积累对财务人员也非常重要，有利于企业在发生突发事件时的应急处理。

企业财务人员应保持一定的稳定性。过快过多地更换财务管理人员会增加交接工作的难度,并使财务人员总是处于一种对企业不甚熟悉的状况,不利于企业财务管理工作的开展。

2. 会计工作交接

会计人员因故离职,必须将本人所经管的会计工作全部移交给接替人员。接替人员应接管移交工作,并继续办理移交的未了事项。会计工作交接一般需经过下列程序:

(1)交接前的准备工作

会计人员在进行交接工作之前,应将未完成的会计工作完成,同时应编制移交清册,列明应移交的会计凭证、会计账簿、会计报表、印章、现金、有价证券、支票簿、发票、文件、其他会计资料和物品等;移交会计软件及密码、会计数据(数据存储介质)等内容。

(2)工作交接

一般会计工作交接中需要指定监交人员负责监交。通常会计人员交接,由会计主管监交;单位主管交接,由单位领导人监交,必要时可由上级主管部门派人会同监交。在会计监交人员的监视下,移交人员应按移交清册逐项向接交人员移交。具体包括:

◇ 现金、有价证券要根据会计账簿有关记录进行点交,与会计账簿记录不一致的,移交人员必须限期查清。

◇ 会计凭证、会计账簿、会计报表和其他会计资料必须完整无缺,如有短缺,必须查清原因,并在移交清册中注明,由移交人员负责。

◇ 银行存款账户余额要与银行对账单核对,如不一致,应编制银行存款余额调节表。各种财产物资和债权债务的明细账户余额要与总账有关账户余额核对相符。

◇ 移交人员经管的票据、印章和其他实物等必须交接清楚。

◇ 对于实施会计电算化工作的,要对有关电子数据在实际操作状态下进行交接。

(3)交接完毕后的工作

会计工作交接完毕,交接双方、监交人员要在移交清册上签名或盖章,并应在移交清册上注明:单位名称、交接日期、交接双方和监交人员的职务、姓名、移交清册页数以及需要说明的问题和意见等。移交清册一式三份,交接双方各执一份,存档一份。移交人员对所移交的会计凭证、会计账簿和会计报表其他有关资料的合法性、真实性承担法律责任。

3. 加强财务人员的职业道德意识

新东方改组成股份有限公司寻求上市之前,聘请了一位退休财务人员做现金出纳,在任职期间,这位财务人员经手的资金高达几百万甚至上千万,却从来没有发生一分钱的错账。俞敏洪因此一直向这位财务人员开出高薪。

会计人员职业道德是指会计人员在从事会计工作中应遵循的行为规范、具备的思想品质,这种品质和行为主要依靠社会舆论和主观意识进行约束,不受法律的制约。企业应鼓励、提出并定期培训,以加强会计人员的职业道德意识。

会计人员职业道德的基本要求包括:敬业爱岗,依法办事;诚实守信,客观公正;恪尽职守,严守秘密;提高技能,精益求精。

4.财务人员的考核

对于财务人员的考核,应结合专业胜任能力、职业道德以及其工作绩效几方面进行。

财务工作是政策性很强的工作,国家相关政策变化很快,新准则新制度不断修订颁布,财务人员必须及时了解把握国家财务政策的动态,并评价其对本企业的影响。这与财务人员的专业胜任能力直接相关。

在进行财务人员考核时,根据上述内容可设计如下的考核方案(见表14-1):

表14-1 财务人员考核方案设计表

考核项目	考核占比	考核得分
政策、法规了解掌握情况	20%	
业务理论、技术学习和运用	20%	
职业道德	20%	
会计实务和操作	30%	
会计工作管理	10%	
综合评分		

企业可以根据实际企业,自行设计考核题目进行评价,大型企业可以通过中介机构如人力资源评价机构对企业财务人员进行考评。进行财务人员考核的目的,就是促进财务人员与时俱进,并作为奖优罚劣的依据。

5. 财务人员的激励

对财务人员的激励需建立在考核的基础上进行。具体的激励方式也适合于企业的其他岗位的员工。

激励方案的设计要符合人性需求。马斯洛的需求层次理论为激励方案设计提供了很好的理论基础。如下图14-1所示，其中字号越大，表明需求越基础。

因此，对于财务人员的激励也应包括从物质到精神的两个方面。

（1）物质激励

比如增加薪酬、提高福利、发放奖金等都是企业可采取的方式。物质激励重在加强财务人员的低层次的生理的需求（吃饭、穿衣等需求）和安全的需求（应对突发事件），使财务人员在企业有安全感。

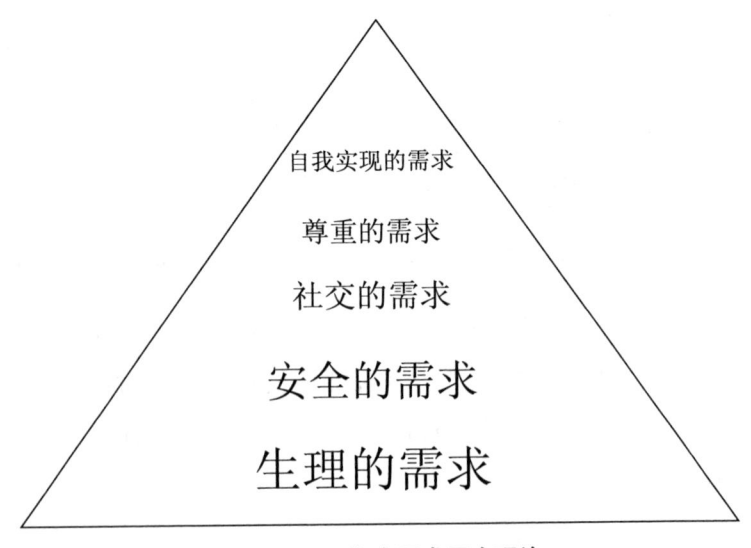

图14-1 马斯洛需求层次理论

（2）创造参与机会

比如对重要财务人员、财务主管等提供股权激励，能激发财务人员的工作激情，并对企业产生归属感，重在满足财务人员的社交的需求。

（3）晋职

对优秀财务人员晋职能满足人的尊重需要和自我实现的需求，企业为员工提供上升通道也使员工的工作热情更高，同时能增强核心财务人员的责任心。

总之，激励的目的是使优秀的财务人员能更好地为企业服务，帮助企业实现财务管理的目标！

财务管理是现代企业管理的重要内容，重视财务管理能使企业的经营工作事半功倍。财务管理是一项综合的技能，总经理既要具备财务理念，又要掌握财务基本知识。只有对企业财务管理需要统筹规划，才能使企业处于不败之地！

参考文献

[1] 张新民改编.财务报告与分析[M].北京:高等教育出版社,2005.
[2] 徐洪才主编.中国资本运营经典案例(下册:问题篇)[M].北京:清华大学出版社,2005.
[3] 财政部.企业会计准则(2006)[M].北京:经济科学出版社,2006.
[4] 财政部.企业会计准则——应用指南[M].北京:中国财政经济出版社,2006.
[5] 雷光勇,李书锋,刘亚莉.基础会计学[M].大连:东北财经大学出版社,2009.
[6] 财政经济科学编委会.2007最新企业财务通则与财务管理制度实施手册[M].北京:中国财政经济科学出版社,2007.
[7] 中国证券监督管理委员会.中国资本市场发展报告[M].北京:中国金融出版社,2008.
[8] 朱荣恩,袁敏,胡本源.企业内部控制规范与案例[M].北京:中国时代经济出版社,2009.
[9] 陈胜蓝,魏明海.投资者保护与财务会计信息质量[J].会计研究,2006年第10期.
[10] 刘亚莉.非财务人员的财务管理与成本管理(讲义)[C].北京科技大学,2010.
[11] 李晓静.财务报表分析(讲义)[C].北京科技大学,2010.